J. Victor Plotton

Conversational method in French

For the use of colleges, academies and advanced pupils

J. Victor Plotton

Conversational method in French
For the use of colleges, academies and advanced pupils

ISBN/EAN: 9783743467743

Manufactured in Europe, USA, Canada, Australia, Japa

Cover: Foto ©Paul-Georg Meister /pixelio.de

Manufactured and distributed by brebook publishing software (www.brebook.com)

J. Victor Plotton

Conversational method in French

PREFACE.

The study of modern languages is extending in a manner fully justified and necessitated by the growing intercourse between nations and the increased facilities afforded for travelling.

At the present day, the people of the New World undertake a journey to Europe with much greater readiness, and perform it under far more comfortable circumstances than their English forefathers embarked on a journey by coach from London to York or Bristol. Distances are almost suppressed by the rapid communication established by the railways and telegraphs that are constantly being multiplied throughout the world, creating a bond of union between many foreign peoples who were formerly content to remain in perfect ignorance of one another.

Consequently, the absolute necessity for the study of modern languages is admitted by the most prejudiced minds. A knowledge of Greek and Latin, however useful it may be to those preparing to enter one of the liberal professions, is not of the slightest service to the traveller, the tourist or the merchant. These latter want to speak the language of the country they may be travelling in, or trading with.

A great many Methods for teaching modern languages have been published during the last few years. Some are simply ordinary grammars, similar to those which may be found everywhere. Others, called "Natural Methods," pretend to attain their object simply by conversation, without the slightest aid of grammar.

This is, we think, going from one extreme to the other.

Our experience has convinced us that a foreign language can never be thoroughly taught by simply furnishing the rules of grammar, or by prescribing the execution of a series of translations.

The use of simply "natural" methods (object teaching) has the disadvantage of only teaching the pupil a limited vocabulary, a few common expressions, so that anyone who has studied by that system alone can only formulate and express his ideas by a series of sentences which do not always present a logical sequence.

Grammar is therefore necessary ; not grammar taught with all its dry and minute details, but simple and short rules, easily understood, and illustrated by suitable practical examples. Moreover, nothing but what is strictly necessary should be imposed upon the pupil, so that his memory may not be overloaded with unnecessary details.

The method we now venture to submit to the public, and which contains a special chapter on pronunciation, is neither an ordinary French grammar nor a so-called "Natural Method," rejecting all grammar. Less complicated, less tedious than the former, it yet avoids the defects of the latter, for the grammatical difficulties that occur in each lesson are carefully explained.

To conclude, we venture to assert, from actual experience, that any student who follows this method attentively and regularly for a reasonable period can learn to read, write and speak French in a correct and proper manner. Moreover, if, as we feel convinced he will, the student should develope a strong taste for the beautiful French language, he can easily and rapidly acquire increased facility and elegance in expressing himself, by studying the works of the best French authors. This study, far from proving irksome, would soon constitute one of his regular intellectual pleasures, a reward for all his previous efforts in the acquisition of the rudiments of the language.

J. Victor Plotton.

ACCENTS AND OTHER MARKS.

(1.) The orthographical signs used in the French language are—the *accents*, the *apostrophe*, the *hyphen*, the *diæresis*, the *cedilla*, the *parenthesis*, and the different marks of punctuation.

THE ACCENTS.

(2.) Accents are small marks placed over vowels, either to point out their true pronunciation, or to distinguish the meaning of one word from that of another which is spelt in a like manner, but has a different meaning. Ex. *pêche*, peach ; *péché*, sin.

(3.) There are three accents in French,—the *acute*, the *grave*, and the *circumflex*.

(4.) The acute accent (´) is only used over the vowel *e*, as in *vérité*, truth.

(5.) The grave accent (`) is used over the vowels *a, e, u*, as in *voilà*, there is ; *père*, father.

Over the preposition *à*, (to), in order to distinguish it from the third person singular of the verb avoir, il *a* (he has).

Over the adverb *là*, (there,) to distinguish it from the article *la*, (the), or the Pronoun *la*, (her, it).

Over the adverb *où*, (where), to distinguish it from the conjunction *ou*, (or).

Over the preposition *dès*, (from, since), to distinguish it from the compound article *des*, (of the, some).

(if) before the pronoun *il* and its plural *ils*, and never before *elle* or *elles*, or any other word whatever.

(10.) But no elision of the *a* or *e* takes place in *le, la, de, ce, que*, before *oui, huit, huitaine, huitième, onze, onzième;* neither in the pronouns *le* or *la*, after a verb in the imperative mood, nor in the adverb *là*. Therefore we say, *le oui et le non ; le huit ou le onze du mois ; menezle à Paris.*

(11.) The final *e* of the preposition *entre* is retained before the pronouns *eux, elles,* and before *autres ;* and is only suppressed when *entre* forms a compound word with another word beginning with a vowel; as *entr'acte.*

THE HYPHEN.

(12.) The hyphen (*tiret* or *trait d'union*) is used principally in connecting compound words, and between a verb and a pronoun, when a question is asked, as in *arc-enciel*, (rainbow) ; *avez-vous ?* (have you ?)

(13.) The Diæresis (*tréma*) is a mark of two points, thus ¨, put over the vowels *e, i, u,* to intimate that they form a distinct syllable from the vowels that precede them, as in the words *ciguë*, (hemlock) ; *Moïse,* (Moses) ; *Saül,* (Saul) ; which are pronounced *ci-gu-e, Mo-ise, Sa-ul.*

(14.) The Cedilla is a small mark placed under the letter C, to indicate that it is to be pronounced like S, before the vowels A-O-U, as in *Français,* (French) ; *garçon,* (boy) ; *reçu,* (received).

(15.) The marks of punctuation, and all other signs and characters, are the same in French as in English.

OF CASES.

(16.). The French language has no Cases, properly so-called, and consequently no declensions. We express by propositions, and especially by *de* (of or from), and *à* (to or at), the relations which the Greeks and the Romans indicated by the change of the different terminations of their nouns.

OF GENDER.

(17.) The French language has two genders, the masculine and the feminine. The gender of animate or living beings presents no difficulty, as all males are masculine, and all females are feminine; but it is only by practice that one can learn the genders of inanimate objects, and of animals whose names are the same for the male and female, such as *éléphant*, elephant.

It is not possible to give general and precise rules by means of which one may, on every occasion, distinguish the gender of a noun from its mere aspect.

Several grammarians, however, have given treatises on the genders; but those treatises are extremely incomplete; some of their rules are vague, and, above all, liable to numberless exceptions. The truth is, the perfect knowledge of the genders of substantives can only be the work of time. It is by reading with attention, and by having recourse, in cases of doubt, to a dictionary, that one will insensibly acquire a complete knowledge of the genders. Nevertheless, in cases of doubt, and in the absence of a dictionary, it may be of some practical utility to know that about nine-tenths of the nouns ending in *e*, not accented, are feminine; the final *e* mute being, in French, the distinctive mark of the feminine gender.

The termination in *e* mute is a feminine termination; any other is called masculine. This distinction arises probably from the circumstance that most nouns of the feminine gender end with *e* mute; thus *la table, la chambre*, etc.

(18.) Names of places are of the genders which their terminations indicate, thus: Danemark, Piémont, Tyrol, Portugal, Canada, etc., are masculine; but France, Angleterre, Irlande, Ecosse, Espagne, Italie, Suisse, Belgique, Hollande, Allemagne, etc., which end in *e* mute, are feminine. Le Hanovre, le Bengale, le Mexique, and perhaps a few more, are exceptions.

(19.) The preceding rule is applicable to towns and rivers; every name of a town and river ending with an *e* mute is generally feminine; any other termination is masculine. Paris, Londres, Halifax, are masculine; but Rome, Marseille, Providence, are feminine.

But when one is uncertain of the gender of a town, the best way out of the difficulty is to put the word *ville* (city) before the name of the town, and say : *la ville de Toronto, la ville de Lisbonne*, etc.

THE ARTICLE.

(20.) The French article is *le-la-les*, (the).

We use *le* before substantives masculine in the singular ; *la* before substantives feminine, also in the singular ; and as the letter *s*, in the French language, is the sign of the plural when it is added to the singular, we have formed *les* from the singular *le*. *Les* serves equally for both genders.

CONTRACTION OF THE ARTICLE.

(21.) Whenever the preposition *à* (to or at) or *de* (of or from) preceeds the article *le* before a noun masculine singular, beginning with a consonant or *h* aspirate, *à le* is contracted into *au*, and *de le* into *du*; and before plural nouns of either genders, *à les* is changed into *aux*, and *de les* into *des*.

A and *de* are not contracted with *le* before nouns which begin with a vowel or *h* mute, but the *e* of the article is elided. *A* and *de* when used with the article *la*, are never contracted.

The learner will therefore translate,

to the
at the
by
- (*au*) before a noun masculine singular, beginning with a consonant or *h* aspirate.
- (*à la*) before a noun feminine singular, beginning with a consonant or h aspirate.
- (*à l'*) before a noun masculine or feminine, in the singular, beginning with a vowel or *h* mute.
- (*aux*) before any noun in the plural.

of the
from the
by
- (*du*) before a noun masculine singular, beginning with a consonant or *h* aspirate.
- (*de la*) before a noun feminine singular, beginning with a consonant or aspirate.
- (*de l'*) before a noun masculine or feminine, in the singular, beginning with a vowel or *h* mute.
- (*des*) before any noun in the plural.

to a, to an, at a, at an, by	*à un* before a noun masculine. *à une* before a noun feminine.
of a, from a, of an, from an, by	*d'un* before a noun masculine. *d'une* before a noun feminine.

PREMIÈRE LEÇON.

ARTICLE.

masc. sing. *Le.* fém. sing. *La.* masc. et fém. plur. *Les.*

Le livre.	La table.
Le crayon.	La chaise.
Le papier.	La règle.
Le tableau.	La porte.
Le plafond.	La fenêtre.
Le plancher.	La craie.
Le mur.	La boîte.

Qu'est-ce que c'est ? Le livre, la chaise, etc.

Est-ce le livre ? { Oui, c'est le livre.
Non, ce n'est pas le livre, c'est la craie.

Est-ce le papier ? le mur ? la craie ? etc.

Est-ce le livre ou le crayon ? { C'est le livre.
C'est le crayon.
Ce n'est ni le livre, ni le crayon ; c'est la craie.

Est-ce la porte ou la fenêtre ? Est-ce le mur ou le tableau ? etc.

COULEURS.

Noir.	Noir*e*.
blanc.	blan*che*.
rouge.	rouge.
brun.	brun*e*.
jaune.	jaune.
vert.	vert*e*.
bleu.	bleu*e*.
gris.	gris*e*.

Qu'est-ce que c'est ? C'est le livre.
De quelle couleur est le livre ? Il est vert.
Qu'est-ceque c'est ? C'est le mur.
De quelle couleur est le mur ? Il est blanc.
Qu'est-ce que c'est ? C'est la boîte.
De quelle couleur est la boîte. Elle est verte.
Qu'est-ce que c'est ? C'est la craie.
De quelle couleur est la craie ? Elle est blanche.
Le livre est *vert*. *La* boîte est verte.
Le mur est *blanc*. *La* craie est blan*che*.
De quelle couleur est le plafond ? Il est jaune.
De quelle couleur est la chaise ? Elle est jaune.
De quelle couleur est le tableau ? Il est noir.
De quelle couleur est la table ? Elle est noire.
Le plafond est-il jaune ? Oui, il est jaune.
Le tableau est-il rouge ? Non, il n'est pas rouge, il est noir.
La chaise est-elle brune ou jaune ? Elle est jaune.
La table est-elle verte ou bleue ? Elle n'est ni verte, ni bleue ; elle est noire.

DEUXIÈME LEÇON.

LES DIMENSIONS.

Le papier blanc est *long ;* le papier jaune n'est pas long, il est *court.* La table noire est longue, la table brune est courte.

Le papier blanc est-il long ? Le papier blanc est-il court ?

Le papier jaune est-il long ? La table brune est-elle longue ?

Le livre rouge est *large ;* le livre brun n'est pas large, il est étroit. L'Amérique du Nord est large, l'Amérique Centrale est étroite.

Le livre brun est-il large ? L'Amérique du Nord est-elle étroite ? L'Amérique Centrale est-elle large ? Le Canada est-il large ?

Le plafond est long et large, il est *grand.*

Le livre brun est court et étroit, il est *petit.* La table noire est grande ; la table brune est petite.

Le plafond est-il grand ? Le livre brun est-il grand ?

L'Amérique est-elle grande ou petite ? Le Canada est-il petit ? La fenêtre est-elle grande ? La porte est-elle petite ?

Le livre rouge est *épais.* Le livre brun est *mince.*

La chaise noire est mince. La chaise jaune est épaisse. Le livre rouge est-il épais ? La chaise noire est-elle épaisse ? Le livre brun est-il mince ou épais ?

La chaise jaune est-elle mince ? Le livre rouge est grand et épais ; il est *gros.* Le papier blanc est grand et mince ; il n'est pas gros, il est *grand.*

Le plafond est haut ; le poêle est bas.

La porte est haute ; la chaise est basse.

Le plafond est-il haut ? La chaise est-elle haute ? Le poêle est-il haut ? Non, Monsieur, il est bas.

long, large } *grand.*   court, étroit } *petit.*

grand, épais } *gros.*   grand, mince } *grand.*

TROISIÈME LEÇON.

Positif.   *Comparatifs.*   *Superlatif.*

de supériorité : (23) *plus long.*

long. (22) d'infériorité : (24) *pas si long.*   *le plus long* (26)

d'égalité : (25) *aussi long.*

Le papier blanc est long et le papier vert est long ; le papier blanc est *plus long* que le papier vert.

Le papier vert n'est *pas si long* que le papier blanc. Le crayon noir est-il plus long que le crayon brun ? La table brune est-elle plus longue que la table noire ?

Le plafond n'est pas plus long que le plancher ; il est *aussi long.* Le tableau est-il aussi long que le mur ?

La craie est-elle aussi longue que le crayon ?

La boîte bleue est grande et la boîte jaune est grande. Quelle est *la plus grande* boîte, la boîte bleue ou la boîte jaune ? Quel est *le plus grand* livre ?

Quel est *le plus petit* crayon.

EXERCICE.

(1.) Quel est l'opposé de long-large-grand-épais-gros-haut ?

(2.) Quel est le comparatif de supériorité de long-large-grand-épais-gros-haut ?

(3.) Quel est le superlatif de haut-bas-grand-petit-long-court-épais-mince-large-étroit-gros ?

(4.) Le plancher est-il plus grand que le tableau ?

(5.) La porte est-elle plus large que la fenêtre ?

(6.) Le papier est-il plus épais ou plus mince que le livre ?

(7.) Quel crayon est le plus long, le crayon rouge ou le crayon noir ?

(8.) Quelle chaise est la plus haute, la chaise jaune ou la chaise brune ?

GRAMMAR.

(22.) There are three degrees of comparison: *Positive, Comparative* and *Superlative.*

The positive is the adjective itself, merely expressing the quality of an object, without any comparison, as: Le crayon est *long.*

(23.) The comparative degree expresses a comparison between two or more objects. There are three sorts of comparatives, viz.: of *superiority, inferiority* and *equality.*

The comparative of superiority is formed by putting the adverb *plus,* (more), before the adjective, and the conjunction *que,* (than), after it; as, Le crayon est *plus* long *que* la craie.

(24.) The comparative of inferiority is formed by putting the verb in the negative, with *si,* (as), before the adjective, and *que*, (as), after it; thus: La craie *n'* est *pas si* longue *que* le crayon.

(25.) The comparative of equality is formed by placing the adverb *aussi*, (as), before the adjective, and *que*, (as), after it; thus: Le plafond est *aussi* long *que* le plancher.

(26.) The superlative degree expresses the quality in the highest or lowest degree. It is formed by putting the article *le, la, les* before the comparative.

Ex. Le crayon rouge est long et le crayon noir est long. Le crayon rouge est *le* plus long.

QUATRIÈME LEÇON.

LES VÊTEMENTS.

Le paletot, le pardessus, le gilet, le pantalon, le chapeau, le mouchoir, le gant, le col, le manchon, le soulier.

La robe, la cravate, la manchette, la bottine.

ADJECTIFS POSSESSIFS (27.)

	Sing.	Plur.
Masc.	*Fém.*	*For both genders.*
mon	ma, *my.*	mes.
ton	ta, *thy.*	tes.
son	sa, *his, hers.*	ses.
notre	notre, *our.*	nos.
votre	votre, *your.*	vos.
leur	leur, *their.*	leurs.

Le gant, *mon* gant, *votre* gant, le gant de M. Durand (*son* gant).

La cravate, *ma* cravate, *votre* cravate, la cravate de M. Durand, (*sa* cravate).

Est-ce *votre* gant ? Oui, Monsieur, c'est *mon* gant.

Est-ce *ma* cravate ? Oui, Monsieur, c'est *votre* cravate. Est-ce *mon* gant ou *ma* cravate ? Ce n'est ni *votre* gant, ni *votre* cravate, c'est *votre* mouchoir. Est-ce le gant de M. Durand ? Oui, Monsieur, c'est *son* gant. Est-ce la cravate de M. Durand ? Oui, Monsieur, c'est *sa* cravate.

Est-ce *son* gant ou *sa* cravate ? Ce n'est ni *son* gant, ni *sa* cravate, c'est *son* chapeau.

Est-ce *notre* livre, Mademoiselle ? Non, Monsieur, ce n'est pas *notre* livre, c'est *votre* livre. Est-ce le crayon de Madame et de Mademoiselle Durand ? Oui, Monsieur, c'est *leur* crayon. Est-ce *leur* papier ? Non, Monsieur, ce n'est pas *leur* papier, c'est *notre* papier.

PRONOM RELATIF.

Both genders and numbers : Qui.

ADJECTIFS DÉMONSTRATIFS (31.)

masc. sing .... } *ce* / *cet*

fém. sing .... *cette.*

masc. et féminin plur .... *ces.*

Le monsieur, la dame, la demoiselle. Ce Monsieur, *cette* dame, *cette* demoiselle. *Qui* est *ce* Monsieur ? C'est Monsieur Boileau. *Qui* est *cette* dame ? C'est Madame Boileau. *Qui* est *cette* demoiselle ? C'est Mademoiselle Boileau.

ADVERBES DE PLACE.
ici   *là.* (33)

Le livre. Ce livre-*ci* est rouge. Ce livre-*là* est noir. La chaise. Cette chaise-*ci* est grande. Cette chaise-*là* est petite.

Quel est le livre rouge ? C'est ce livre-ci. Quel est le livre noir ? C'est ce livre-là. Quel est ce livre-ci ? C'est le livre rouge. Quel est ce livre-là ? C'est le livre noir. Quelle est la grande chaise ? C'est cette chaise-ci. Quelle est la petite chaise ? Quel est le grand livre ? Quelle est la plus grande chaise, cette chaise-ci ou cette chaise-là ? Quel est le plus grand crayon ?

GRAMMAR.

(27.) Possessive adjectives denote possession of property, and are called adjectives rather than pronouns, because they do not stand for a noun, but, on the contrary, are always joined to a noun.

(28.) The possessive adjective, as well as the preposition which may acccompany it, must be repeated before every noun, and agreed with it in gender and number.

(29.) The possessive adjective always agrees in French with the noun following, and never with the preceding one; that is to say, it agrees with the object possessed, and not with the possessor, as in English.

(30.) For the sake of euphony, *mon, ton, son,* are used instead of *ma, ta, sa,* before feminine nouns beginning with a vowel or *h* mute.

Ex. *Mon* âme, (my soul). *Son* histoire, (his or her history), instead of *ma âme, sa* histoire.

(31.) Demonstrative adjectives always precede the substantive which they designate.

They are—

Ce, before a noun masculine singular, beginning with a vowel or an *h* aspirate ; *ce* livre, *ce* héros.

Cet, before a noun masculine singular, beginning with a vowel or an *h* mute ; *cet* arbre, this tree ; *cet* homme, this man.

Cette, before any feminine noun.

Ces, before any noun in the plural, whether masculine or feminine.

(32.) Demonstrative adjectives must be repeated in French before every noun ; as *ce* livre, *cet* homme, *cette* table.

(33.) *Là* means there, and *ci* is an abbreviation of *ici*, here ; so that *ce livre-ci* is equivalent to *this book here ; ce livre-là*, to *that book there*.

CINQUIÈME LEÇON.

LES PARTIES DU CORPS.

La tête, le visage, le front, l'œil, l'oreille, le nez, la bouche, la joue, le menton, le cou, la poitrine, l'épaule, le dos, la jambe, le pied, le bras, la main, le doigt.

Les cheveux, la barbe, la moustache.

Le bras droit.　　　　Le bras gauche.
La main droite.　　　La main gauche.

Quel est ce bras ? Quelle est cette main ? Quel est

votre bras droit ? Quelle est sa main droite ? Est-ce mon pied droit ou mon pied gauche ?

SINGULIER.	PLURIEL.	
Le pied	Les pieds.	(34.)
l'oreille	les oreilles.	
le sou (the penny)	les sous.	(35.)
le bras	les bras.	
le nez	les nez.	(36.)
la voix (the voice)	les voix.	
L'œil	les yeux.	(37.)
le chapeau	les chapeaux.	
le jeu (the game)	les jeux.	(38.)
le vœu (the vow)	les vœux.	
le général	les généraux.	(39.)
le travail (the work)	les travaux.	

GRAMMAR.

Of the formation of the plural of French substantives.

(34.) *General rule.*—The plural of substantives, either masculine or feminine, is formed by adding an *s* to the singular.

(35.) The nouns in *ou* conform to the general rule and take an *s* in the plural, except very few of them which take an *x*; as le bijou, les bijoux, (the jewels).

EXCEPTIONS TO THE GENERAL RULE.

(36.) Nouns ending in *s*, *x*, or *z*, in the singular, remain the same in the plural. Ex: Le bras, les bras.

(37.) Œil has for plural *yeux*.

(38.) Nouns ending in *au, eu, œu,* take an *x* instead of an *s* in the plural. Ex: Le chapeau, les chapeaux.

(39.) Most nouns ending in *al* or *ail* in the singular form their plural by changing the final *al* or *ail* into *aux.* Ex: Le journ*al,* les journ*aux.* Le trav*ail*, les trav*aux*

SIXIÈME LEÇON.

PRONOMS PERSONNELS.

Pour la conjugaison des verbes.

Singulier		Pluriel.	
1 ère pers.	Je, *I*.		nous, *we*.
2 ème pers.	tu, *thou*.		vous, *you*.
3 ème pers. masc.	il, *he*.	masc. ils,	} they.
	fém. elle, *she*.	fém. elles,	

MODÈLE DE CONJUGAISON.

VERBE AUXILIAIRE "ETRE."

Affirmatif.	*Interrogatif.*	*Négatif.*
Je suis......	suis-je ?......	Je *ne* suis *pas*.
tu es........	es-tu ?........	tu *n*'es *pas*.
il est........	est-il ?........	il *n*'est *pas*.
nous sommes.	sommes-nous?...	nous *ne* sommes *pas*.
vous êtes....	êtes-vous?.....	vous *n*'êtes *pas*.
ils sont......	sont-ils?......	ils *ne* sont *pas*.
elles	elles ?........	elles.

Où - sur - sous - devant - derrière - entre-dans-contre-assis-debout.

Je suis M. Beaumont. Suis-je M. Beaumont ?
Oui, Monsieur, vous êtes M. Beaumont. Etes-vous Madame Harrison ? Non, Monsieur, je ne suis pas Madame Harrison. Qui êtes-vous ? Je suis Madame Grant.

Le livre est *sur* la table et la table est *sur* le plancher Le papier est *sous* la chaise. Madame Moreau est *devant* le mur. La table est *devant* vous ; vous êtes *derrière* la table. La table est *entre* vous et moi.

Nous sommes *dans* la chambre et la craie est *dans* la boîte. Le tableau est *contre* le mur. M. Moreau est *assis ;* Mme Moreau est assise. Le professeur est *debout.*

Où suis-je ? Où êtes-vous ? Où sommes-nous ? Où est le livre ? Il est sur la table La table est-elle sur le plancher ? Le papier est-il sur la table ? Non, Monsieur, il n'est pas sur la table, il est sous la chaise.

Votre mouchoir est-il dans la poche ? Etes-vous devant le mur ? La chaise est-elle entre la porte et la fenêtre ? M. Moreau est-il devant ou derrière la table ?

Le tableau est-il contre le mur ?

Etes-vous assis ou debout ? Madame Paul est-elle assise ? M. Moreau est-il assis devant la table ? Non, il est assis derrière la table. Le professeur est-il debout?

(1.) When the second person plural is used instead of the second person singular, the verb is put in the plural, but the adjective or participle following remains in the singular.

(2.) To conjugate a verb interrogatively we place the pronoun, which serves as the subject or nominative, after the verb, connecting them by a hyphen ; as, êtes-vous ?

Remark. Questions are often formed by "Est-ce que" with verbs that have but one syllable in the first person singular of the Present of the Indicative.

(3.) As in English,—the second person plural is used instead of the second person singular in general conversation or intercourse ; the latter form, denoting in French familiarity or intimacy, and is used (conversationally) among members of a family or intimate friends.

SEPTIÈME LEÇON.

Faire. (to do-to make)
  Je fais
  il
    fait
  elle
  nous faisons
  vous faites
  ils font
  elles

Prendre
  Je prends
  il
    prend
  elle
  nous prenons
  vous prenez
  ils prennent
  elles

Mettre
  Je mets
  il met
elle
  nous mettons
  vous mettez
  ils mettent
elles

Pousser
  Je pousse
  il pousse
elle
  nous poussons
  vous pousez
  ils poussent
elles

Tirer	*Porter*
Je tire	Je porte
il tire	il porte
elle	elle
nous tirons	nous portons
vous tirez	vous portez
ils tirent	ils portent
elles	elles

Ouvrir	*Fermer*
J'ouvre	Je ferme
il ouvre	il ferme
elle	elle
nous ouvrons	nous fermons
vous ouvrez	vous fermez
ils ouvrent	ils ferment
elles	elles

Aller	*Venir*
Je vais	Je viens
il va	il vient
elle	elle
nous allons	nous venons
vous allez	vous venez
ils vont	ils viennent
elles	elles

Rester—Je reste, il reste, nous restons, vous restez, ils restent.

Que fais-je ? Que fait-il ? Que faites-vous ?

Le professeur prend le livre. Que fait le professeur ? Il prend le livre. Prenez le crayon, Madame Moreau. Que faites-vous ? Je prends le crayon. Le professeur met le livre sur la table. Que fait le professeur ? Il met le livre sur la table. Mettez le crayon sur la table, Madame. Que faites-vous ? Madame Moreau met-elle le crayon sur la table ? Le professeur pousse la chaise noire derrière la table. Il tire la chaise jaune devant le tableau. Il porte la chaise brune devant la fenêtre.

Je prends le crayon. Monsieur, prenez le crayon. Vous prenez le crayon. Il prend le crayon.

Je mets le papier sur la chaise. Madame et Mademoiselle, prenez le papier. Que font Madame et Mademoiselle ? Elles prennent le papier.

J'ouvre le livre. Je ferme la boîte. Monsieur, ouvrez votre livre. Que faites-vous ? Que fait Monsieur ?

Je vais devant la porte. Allez devant la fenêtre, Monsieur. Vous allez devant la fenêtre.

Je suis dans la chambre ; je vais dans le corridor. Que fais-je ? Est-ce que je vais dans le corridor ?

Où est M. Boileau ? Il est devant la fenêtre.

M. Boileau, venez à votre place. Que faites-vous ? Que fait-il ? M. Boileau vient-il à sa place ?

Je suis assis sur la chaise. Je ne vais pas devant la fenêtre, je reste ici, derrière la table.

Allez devant la porte, Monsieur. Que faites-vous ?

M. Robert va-t-il devant la fenêtre ? Non, il ne va pas devant la fenêtre, *mais* devant la porte.

Où êtes-vous, Monsieur ? Venez à votre place.

M. Robert reste-t-il devant la porte ? Non, il ne

reste pas devant la porte ; il vient *à* sa place. Madame, restez-vous ici ou allez vous *là*? Je reste ici.

Ouvrez le livre, Madame. Ouvrez-vous la boîte?
Non, Monsieur, je n'ouvre pas la boîte, *mais* le livre. Est-ce que je prends votre livre ou votre règle.

Vous ne prenez ni mon livre, ni ma règle, *mais* mon papier.

(1.) The diphthong *ai* has the sound of *e* mute in faisant, nous faisons, je faisais.

(2.) For the sake of euphony, when the third person singular of a verb ends with a vowel, in the interrogative form we place, between the verb and the pronoun, the letter *t*, preceded and followed by a hyphen : as, Va-*t*-il devant la fenêtre ?

HUITIÈME LEÇON.

Le, la, les, (pronoms). Adverbe de place. " *Y.* "

Je prends le livre. Est-ce que je prends le livre ? Oui, Monsieur, vous prenez le livre. (Oui, Monsieur, vous *le* prenez.) Prenez le crayon, Madame. Prenez-vous le crayon ? Oui, Monsieur, je *le* prends. Madame Moreau prend-elle le crayon ? Oui, Monsieur, elle *le* prend.

Poussez la chaise, M. Moreau. Poussez-vous la chaise ?

M. Moreau pousse-t-il la chaise ? Oui, Monsieur, il pousse. Mademoiselle Moreau tire-t-elle la table ? Non, Monsieur, elle ne *la* tire pas.

J'ouvre les livres. Est-ce que j'ouvre les livres ? Oui, Monsieur, vous *les* ouvrez. Fermez les livres, Mademoiselle. Fermez-vous les livres ? Oui, Monsieur, je *les* ferme. Mademoiselle ferme-t-elle les fenêtres ? Non, Monsieur, elle ne *les* ferme pas.

Prenez-vous le crayon ? Tirez-vous la chaise ? Madame et Mademoiselle Moreau ouvrent-elles les portes ?

Le papier est-il sur la chaise ? Oui, Monsieur, il est sur la chaise. (Oui, Monsieur, il *y* est) La table est-elle entre la porte et le tableau ? Oui, Monsieur, elle *y* est. M. Robert est-il ici ? Non, Monsieur, il n'*y* est pas. Madame et Mademoiselle Robert sont-elles ici ? Oui, elles *y* sont. Etes-vous derrière la table, Madame ? Oui, Monsieur, j'*y* suis. Sommes-nous dans la chambre ? Oui, Monsieur, nous *y* sommes.

Je porte la chaise devant la fenêtre. Est-ce que je porte la chaise devant la fenêtre ? Oui, Monsieur, vous portez la chaise devant la fenêtre. (Oui, Monsieur, vous *l'y* portez.) Mettez le livre sur la table, Monsieur. Mettez-vous le livre sur la table ? Oui, Monsieur, je *l'y* mets.

Messieurs Moreau et Durand poussent-ils les chaises devant le mur ? Oui, Monsieur, ils *les y* poussent.

Mesdames Moreau et Durand tirent-elles la table devant la porte ? Non, Monsieur, elles ne *l'y* tirent pas, elles *la* tirent devant la fenêtre.

NEUVIÈME LEÇON.

Les chiffres et les nombres.

		zéro	un	deux	trois	quatre	cinq	six	sept	huit	neuf
		0	1	2	3	4	5	6	7	8	9
	dix	10	11	12	13	14	15	16	17	18	19
	vingt	20	onze.	douze.	treize.	quatorze.	quinze.	seize.	dix-sept.	dix-huit.	dix-neuf.
	trente	30									
	quarante	40									
	cinquante	50									
	soixante	60									
soixante-dix		70									
quatre-vingts		80									
quatre-vingt-dix		90									
	cent	100									
cinq cents		500									
	mille	1000									

Compter—Je compte, il compte, nous comptons, vous comptez, ils comptent.

Je compte *de* 1 *à* 10. Un, deux, trois, quatre, etc. Que fais-je ? Vous comptez. Madame Moreau, comptez de 1 à 10. Que faites-vous ? Que fait Madame Moreau ? Elle compte de à 10. Comptez de 10 à 25. Comptez de 60 à 100. Que faites-vous, Monsieur Moreau ? *Depuis* quel nombre comptez-vous ? *Jusqu'à* quel nombre compte-t-il ?

Trois et deux font cinq. Six et quatre font dix. *Combien* font 3 et 2 ? Combien font 6 et 4 ? Combien font 9 et 7 ? 9 et 7 font 16.

2 *fois* 2 font 4. 5 fois 4 font 20. Combien font 2 fois 2 ? Combien font 5 fois 4 ?

Je compte les plumes dans la boîte : Une, deux, trois, quatre plumes. *Il y a* quatre plumes dans la boîte.

Combien de plumes *y a-t-il* dans la boîte ? Combien de livres y a-t-il sur la table ? Combien d'élèves y a-t-il dans la classe ? Combien de chaises y a-t-il ici ?

Il y a dix chaises.
C'est le bras droit.
C'est le bras gauche. Ce sont les deux bras.
C'est la main droite.
C'est la main gauche. Ce sont les deux mains.
C'est l'oreille, ce sont les oreilles. C'est l'œil, ce sont les yeux.

C'est mon livre, ce sont mes livres. C'est votre gant, ce sont vos gants.

Qu'est-ce que c'est? Quels sont ces gants? Qui sont ces Messieurs? Ce sont Messieurs Boileau et Durand.

De quelle couleur est ce livre? Il est rouge.

De quelle couleur sont ces livres? Ils sont rouges.

De quelle couleur est cette table? Elle est brune.

De quelle couleur sont ces tables? Elles sont brunes. Quel est ce livre-ci? C'est le livre de Monsieur Robert (son livre.) Quels sont ces livres-là? Ce sont les livres de Madame Robert (ses livres.) Quels sont ces livres? Ce sont les livres de Monsieur et Madame Robert (leurs livres.)

Notre classe est-elle grande, Madame? Oui, Monsieur, elle est grande.

Nos classes sont-elles grandes? Oui, Monsieur, elles sont grandes.

DIXIÈME LEÇON.

J'ai, il (elle) a, nous avons, vous avez, ils (elles) ont.

J'ai deux livres. Vous avez trois livres. Nous avons (vous et moi) cinq livres. Monsieur Boileau a deux papiers.

Madame Boileau a quatre papiers. Combien ai-je de livres? Vous avez deux livres. Combien de livres avez-vous, Madame ? J'ai trois livres. Combien Madame a-t-elle de livres ? Elle a trois livres. Combien de papiers avez-vous, Monsieur Boileau ? J'ai deux papiers. Madame Boileau a-t-elle quatre papiers ? Oui, Monsieur, elle a quatre papiers.

ADVERBES DE COMPARAISON.
plus,   moins,   autant.

Vous avez trois livres ; j'ai deux livres ; Monsieur Robert a cinq livres. Vous avez *plus* de livres que moi.

J'ai *moins* de livres que vous. Nous avons (vous et moi) *autant* de livres que M. Robert.

Avez-vous plus de livres que moi ? Oui, Monsieur, j'ai plus de livres que vous. Ai-je moins de livres que vous ? Avez-vous plus de livres que Monsieur Robert ?

M. Robert a-t-il autant de livres que nous ?

Le Canada a-t-il plus d'habitants que l'Europe ?

Halifax a-t-il moins d'habitants que Boston ?

M. Boileau a deux papiers ; Madame Boileau a quatre papiers. Monsieur et madame Boileau ont, *ensemble*, six papiers. Ils ont, ensemble, plus de papiers que nous.

Paris et New York ont-ils, ensemble, plus d'habitants que Londres ?

Dans la chambre il y a une porte, un bureau, et une, deux, trois, etc. chaises. (*plusieurs* chaises).

Y a-t-il *plusieurs* chaises dans la chambre ?

Y a-t-il plusieurs bureaux ici ? Non, Monsieur, il *n'*y a *qu'*un bureau, ou (il y a *seulement* un bureau.)

ADVERBES DE QUANTITÉ.
Beaucoup—Assez—Peu.

Il y a *peu* d'élèves dans cette classe, mais il y a *beau-*

coup d'élèves dans la classe de Mademoiselle Harrison.
Y a-t-il beaucoup d'élèves dans votre classe, Madame ?
Le Canada a-t-il *assez* d'habitants ?

M. Renaud a trente mille francs. Trente mille francs représentent beaucoup d'argent pour moi. Que représentent-ils pour vous, Monsieur ? Et que représentent-ils pour M. Vanderbilt ?

Il *n'*y a *qu'*un piano dans la chambre.
Qu'est-ce que c'est ? C'est *le* piano.
Il y a beaucoup d'allumettes dans la boîte.
Qu'est-ce que c'est ? C'est une boîte d'allumettes.
Qu'est-ce que c'est ? C'est *une* allumette.
Qu'est-ce que c'est ? Ce sont *des* allumettes.
Qu'est-ce que c'est ? Ce sont *les* allumettes.

ONZIÈME LEÇON.

J'écris l'alphabet français sur le tableau *avec* la craie.
Que fais-je ? Qui est-ce qui écrit ? Sur quoi est-ce que j'écris ? Ecrivez-vous sur le papier avec la craie ?

J'écris la *lettre* : A.
J'écris les *syllabes* : pla-fond.
J'écris le *mot* : plafond.
J'écris la *phrase* ? Le plafond est blanc.

Qu'est-ce que c'est ? Est-ce la lettre ou le mot ?
Combien y a-t-il de lettres dans le mot *plafond* ?
Combien y a-t-il de syllabes dans le mot *table* ?
Est-ce le mot ou la phrase ? Combien y a-t-il de mots dans cette phrase ?

Je *lis* (2) l'alphabet français : A. B. C. D. E. F. G. H. I. J. K. L. M. N. O. P. Q. R. S. T. U. V. X. Y. Z.

Que fais-je ? Qu'est-ce que je lis ? Lisez l'alphabet

français, Madame. Madame Robert lit-elle l'alphabet dans le livre ou sur le tableau ?

Je lis, j'écris et je parle le français, mais je ne parle ni l'anglais ni l'allemand. Lisez-vous l'italien ?

M. Robert écrit-il l'espagnol ? A Paris *on* (3) parle français ; à Londres on parle anglais ; à Berlin on parle allemand. Que parle-t-on à Rome ? à Madrid ? à Saint-Pétersbourg ? à Pékin ?

Dans l'alphabet français il y a vingt-cinq lettres : six *voyelles* et dix-neuf *consonnes*. En français on prononce les voyelles a, e, i, o, u, y. Comment les prononcez-vous en anglais ? Quelle est la prononciation correcte du mot " Monsieur" en français ? Je *récite* l'alphabet : A. B. C. D. E., etc. Que fais-je ? Est-ce que je lis l'alphabet ? Récitez l'alphabet, M. Moreau. Que fait M. Moreau ?

L'alphabet français commence *par* la lettre A et finit (4) par la lettre Z. Par quelle lettre commence l'alphabet français ? Par quelle lettre finit-il ? A quelle heure commence votre leçon et à quelle heure finit-elle ?

A quelle page de votre livre commence la onzième leçon ?

" A " est la *première* lettre de l'alphabet, " Z " est la *dernière*. A est la première, B la deuxième, C la troisième, etc. Quelle est la première lettre de l'alphabet ?

Quelle est la dernière ? Quelle est la première page de votre livre ? Quelle est la huitième lettre de l'alphabet ?

La lettre A est *avant* la lettre B. La lettre C est *après* la lettre B. La lettre B est *entre* la lettre A et la lettre C.

La lettre A est-elle avant ou après la lettre B ?

Quelle lettre est après la lettre D ? Quelle lettre est *entre* la lettre T et la lettre V ? Quelle leçon vient avant la onzième ?

Ces phrases-ci : Où êtes-vous ? Que faites-vous ? sont des *questions*.

Ces phrases-là : Je suis ici. Je prends ma leçon, sont les *réponses* à ces questions.

Je questionne M. Durand. M. Durand, prenez-vous la craie ? Non, Monsieur, je ne la prends pas. Que fais-je ? Que fait M. Durand ? Qui est-ce qui questionne ? Qui est-ce qui répond ? (5)

Madame Moreau, questionnez M. Robert. Que faites-vous, Madame ? M. Robert, répondez à la question de Madame.

(1.) J'écris, il écrit, nous écrivons, vous écrivez, ils écrivent.

(2.) Je lis, il lit, nous lisons, vous lisez, ils lisent.

(3.) The indefinite pronoun "*on*" is generally followed by a masculine singular. Yet, when it is quite evident that a female is spoken of, *on* should be followed by a feminine singular.

Observe also, that although *on* frequently represents *nous, ils, elles*, which are all of the plural number, yet *on* is always followed by a verb in the third person singular.

(4.) Je finis, il finit, nous finissons, vous finissez, ils finissent.

(5.) Je réponds, il répond, nous répondons, vous répondez, ils répondent.

DOUXIÈME LEÇON.

Ouvrez votre livre à la page 38 et lisez.

Que faites-vous ? A quelle page lisez-vous ? Qui est-ce qui lit ? Nous lisons un exercice. Y a-t-il des *tirets* dans cet excercice ? Mettez des *mots* à la place des tirets. Quels mots mettez-vous dans la première réponse ? Que mettez-vous à la place des *points* ?

J'y mets des *lettres* ou des *syllabes*.

EXERCICES.

(1) Qu'est-ce que c'est ? —'— la table. (2) De — couleur—la table ? — — brune. (3) Qu'est-ce que c'est ? —'— — crayon. (4) De quelle couleur — — crayon ? — — noir. (5) La règle brune — — longue ? Oui, Monsieur, — — — (6) Le crayon rouge — — long ? Non, Monsieur, il —'— pas l .., — — court. (7) Le plafond est-il aussi long — — plancher ? Oui, — — — l.. (8) La fenêtre — — aussi large — — porte ? Non, Monsieur, elle —'— pas si — (9) L'Amérique est — plus grande — l'Afrique ? Oui, — — — — (10) — — couleur est votre robe, Mademoiselle ? — — v.. (11) Et votre cravate ? — — bl.. (12) Quel est — plus grand livre ? —'— — livre rouge. 13 Est-ce votre chapeau ? Oui, Monsieur, —'— —chapeau. (14) Est-ce le gant — M. Boileau ? Non, Monsieur, — —'— pas — gant, —'— — cravate. (15) Est-ce la boîte de Madame Durand ? Oui, Monsieur, —'— — boîte. (16) Quel est — crayon-ci ? —'— m.. crayon. (17) Quelle — — chaise-là ? —'— s..chaise. 18. Quel est — livre br..? —'— — livre-ci. (19) Quel — — livre n..?

—'— — livre-là. (20) Qui est — Monsieur ? —'— m.. professeur. 21 Qui est — dame ? —'— Madame Robert. (22) Est-ce votre bras dr.. —votre— g... ? —'— m.. — — (23) Quelle est votre main dr... ? —'— — main-ci. (24) Quelle — — main g.. ? —'— — main-là. (25) Où est le papier ? — —sur la table. (26) La plume — — dans la boîte ? Oui, Monsieur, — — — (27) Etes — assis ? Oui, — suis — (28) Madame et Mademoiselle Moreau sont — ici ? Non, Monsieur, — —'— sont — (29) M. Durand — — assis ou — ? — — d.. (30) — il d... derrière la table ? Non, — — d.. devant — tableau. (31) Le tableau — — contre — mur ? Oui, — — — (32) La table — — entre la porte et le poêle ? Non, Monsieur, — —'— — pas, elle — — la porte et — fenêtre. (33) Prenez-vous le cahier ? Oui, — — — (34) Madame Moreau pousse-t-elle la chaise ? Non, Monsieur, — — — — — (35) Fermons — les livres ? Oui, — — fermons. (36) Allez-vous dans le corridor ? Non, Monsieur, je —'— — pas, je reste à m.. place. (37) Que fait Monsieur Moreau ? — ouvre — boîte. (38) Madame et Mademoiselle Durand mettent-elles les livres sur — fenêtre ? Oui, Monsieur, elles — — — (39) Où va le professeur ? — va — — corridor. (40) — — — je porte la chaise devant — tableau ? Oui, Monsieur, vous —'— portez. (41) Avez —beaucoup de livres ? Non, je n'ai que deux livres. (41) M. Durand — t-il trois livres ? Non, — n' — — deux livres. (43) Combien — plumes y a-t-il — cette boîte ? — — — douze plumes. (44) Madame Boileau a-t-elle autant — crayons — vous ? Oui, Monsieur, — — — — crayons — moi. (45) Le Canada a-t-il moins

d'habitants — l'Angleterre ? Oui, — — — d'habitants
— l'Angleterre. (46) — nous plusieurs craies ? Oui,
— — —craies. (47) Par — lettre commence l'alphabet
français ? Il — — la lettre — (48) Par — lettre finit—?
— — — — lettre — (49) Quelle est la première lettre
— l'alphabet ? —'— A. (50) Quelle—la — ? —'— Z.

Faire les questions des réponses suivantes :

(1) C'est le crayon. (2) Il est rouge. (3) Elle est brune. (4) Oui, c'est le livre. (5) Non, il n'est pas jaune, il est blanc. (6) Ce n'est ni le livre, ni le crayon, c'est le papier. (7) Elle n'est ni blanche, ni noire, elle est verte. (8) Oui, il est grand. (9) L'opposé de grand est petit. (10) Non, il est mince. (11) Oui, elle est étroite. (12) Non, elle n'est pas si haute que la porte. (13) Il est plus long que le livre. (14) Oui, c'est mon papier. (15) Non, ce n'est pas sa boîte. (16) Oui, c'est votre gant. (17) C'est cette main-ci. (18) C'est cette main-là. (19) Oui, c'est Monsieur Robert. (20) Oui, il y est. (21) Elle est assise. (22) Non, il est debout. (23) Elles y sont. (24) Nous n'y sommes pas. (25) Oui, vous le prenez. ((26) Non, elle ne la pousse pas. (27) Vous n'ouvrez pas la fenêtre, mais la porte. (28) Nous les mettons sur la chaise. (29) Oui, vous les y portez. (30) Il ne l'y tire pas. (31) Oui, elles y vont. (32) Non, il reste ici. (33) Deux et trois font cinq. (34) Trois fois quatre font douze. (35) Oui, ce sont leurs plumes. (36) Non, ce ne sont pas ses gants. (37) Ce sont nos livres. (38) Oui, j'ai plus de livres que vous. (39) Non, il a moins d'argent que M. Vanderbilt. (40) Oui, nous avons beaucoup de

crayons. (41) Non, le Canada a peu d'habitants. (42) Oui, j'ai assez d'argent. (43) J'écris sur le tableau avec la craie. (44) Non, je ne lis pas l'espagnol. (45) A Paris on parle français. (46) Ma leçon commence à midi et finit à une heure. (47) C'est la lettre A. (48) Non, elle n'est pas la dernière, mais la vingt-deuxième. (49) Je questionne Monsieur Durand. (50) Il répond à ma question.

TREIZIÈME LEÇON.

Le, la, les, (articles définis.)
Le, la, les, (pronoms.)
du, (de le) *de la, de l' des*, (de les) art. part.
un, une, deux, etc., adj. numéraux.
"*en*," (pronom.) (1)
Monsieur Durand lit le livre.
Monsieur Durand lit-il le livre ?
Oui, Monsieur, il *le* lit.
Poussez la chaise, Madame.
Madame Durand pousse-t-elle la chaise ?
Oui, Monsieur, elle *la* pousse.
Est-ce que j'écris la leçon ?
Oui, Monsieur, vous *l'*écrivez.
Ecrivons-nous les consonnes ?
Oui, Monsieur, nous *les* écrivons.
Madame et Mademoiselle Moreau ont-elles leurs exercices ?
Non, Monsieur, elles ne *les* ont pas.
Questionnez-vous ces dames ?
Non, Monsieur, je ne *les* questionne pas.

Parlez-vous l'italien ?

Non, je ne *le* parle pas, mais je *le* lis.

Il y a un piano ici.

Il y *en* a un.

Il y a deux chaises devant le mur.

Il y *en* a deux.

Combien de personnes y a-t-il dans la classe ?

Il y *en* a quatre.

Avez-vous deux livres ?

Non, Monsieur, je n'en ai qu'un.

Le Canada a-t-il huit provinces ?

Non, Monsieur, il n'en a que sept.

Quelles sont ces sept provinces ?

Ce sont : la Nouvelle-Ecosse. le Nouveau-Brunswick, Québec, Ontario. Manitoba, la Colombie anglaise et l'Ile du Prince-Edouard.

Y a-t-il des plumes dans cette boîte ?

Oui, Monsieur, il y *en* a.

Prenez-vous des leçons de français ?

Oui, Monsieur, j'*en* prends.

Combien de leçons prenez-vous ?

J'*en* prends deux par semaine.

Mesdames Durand et Moreau récitent-elles des poèmes ?

Non, Monsieur, elles n'*en* récitent pas.

Je sors (2) de la chambre. Que fais-je ? Vous sortez de la chambre. Qui est-ce qui sort ? D'où est-ce que je sors ?

Sortez de la chambre, M. Renaud. Que faites-vous ? D'où sortez-vous ? Où allez-vous ?

J'entre (3) dans la chambre. Que fais-je ? Qui est-ce qui entre ? (qui entre ?) Où est-ce que j'entre ?

Je suis *quelqu'un*, la table est *quelque* chose. Il y a quelqu'un dans la chambre ; il n'y a *personne* dans le corridor.

Y a-t-il quelqu'un dans la chambre ? Y a-t-il quelqu'un dans le corridor ? Y a-t-il quelque chose sur cette chaise-ci ? Y a-t-il quelque chose sur cette chaise-là ? Non, Monsieur, il n'y a *rien*.

Avez-vous vos gants ? Oui, Monsieur, je *les* ai.

Monsieur Moreau a-t-il *des* gants ? Non, Monsieur, il n'*en* a pas. Ecrivons-nous les exercices ? Oui, Monsieur, nous *les* écrivons. Ces dames écrivent-elles *des* lettres ? Non, Monsieur, elles n'*en* écrivent pas.

Y a-t-il des chaises devant le mur ? Oui, Monsieur, il y *en* a.

Les chaises sont-elles devant le mur ? Oui, Monsieur, elles *y* sont.

EXERCICES.

(1) Lisez-vous l'exercice ? Oui, Monsieur, — — lis.
(2) Mettez — des mots à la place des tirets ? Oui, —'— mets.
(3) Combien de mots mettez-vous dans la première réponse ? —'— mets deux.
(4) Monsieur Boileau a-t-il ses livres ? Oui, — — a.
(5) Madame Durand prend-elle beaucoup — leçons. Oui, — — prend beaucoup.
(6) Messieurs Durand et Boileau ouvrent-ils les fenêtres ? Oui, Monsieur, — — —.
(7) Les demoiselles écrivent-elles des exercices ? Non, Monsieur, — —'— écrivent —.

(8) Y a-t-il des livres — la table ?
Oui, Monsieur, — — — —.

(9) Combien de livres y a-t-il ? — — — — neuf.

(10) Y a-t-il quelqu'un — le corridor ?
Non, Monsieur, — —'— a personne.

(11) Y a-t-il quelque chose — — boîte ? Oui, —
— — — —

(12) Y a-t-il quelque chose — la cheminée ? Non, Monsieur, il n'y a rien.

(13) Qui — - qui entre ? —'— M. Moreau.

(14) Sortons-nous après — leçon ou — nous ici ?
— s...

Faire les questions des réponses suivantes :

(1) Oui, je le ferme.
(2) Non, elle ne la pousse pas.
(3) Oui, Monsieur, elles les ont.
(4) Non, ils n'en ont que deux.
(5) Oui, Monsieur, ils en ont trois.
(6) Il y en a sept.
(7) Non, Monsieur, il reste ici.
(8) Oui, il y a quelqu'un devant la fenêtre.
(9) Non, il n'y a personne devant la cheminée.
(10) Il n'y a rien.

---

(1) *En* is a pronoun of both genders and numbers; its function is to avoid the repetition of a word or phrase already expressed. It signifies, *of him, of her, of it, from it, of them, some of it, some of them,* etc.

(2) Je sors, il sort, nous sortons, vous sortez, ils sortent.

(3) J'entre, il entre, nous entrons, vous entrez, ils entrent.

QUATORZIÈME LEÇON.

Modèle pour la conjugaison des *verbes pronominaux* ou *réflectifs*.⁽¹⁾

SE LEVER.

Affirm.	Interrog.
Je me lève.	Est-ce que je me lève ?
il (elle) se lève.	se lève-t-il (elle) ?
nous nous levons.	nous levons-nous ?
Vous vous levez.	vous levez-vous ?
ils (elles) se lèvent	se lèvent-ils (elles)?

Nég. Je *ne* me lève *pas*, il *ne* se lève *pas*, etc.

Je me lève. Que fais-je ? Vous vous levez. Levez-vous, M. Durand. Que faites-vous ? Que fait M. Durand ?

Messieurs Renaud et Gillet se lèvent-ils ? Non, Monsieur, ils restent assis.

Je suis debout derrière la table. Je ne reste pas debout, je m'assieds⁽²⁾ sur la chaise. Que fais-je ? Vous vous asseyez. Sur quoi est-ce que je m'assieds ? Asseyez-vous, Monsieur. M. Durand s'assied-il ou reste-t-il debout ?

Est-ce M. Boileau qui entre ? Oui, Monsieur, c'est *lui*. Est-ce Mademoiselle Boileau qui est sur cette chaise ? Oui, Monsieur, c'est *elle*. Sont-ce M. M. Renaud et urand qui écrivent la leçon ? Non, Monsieur, ce ne sont pas *eux*. Sont-ce Mesdemoiselles

Renaud qui répondent à mes questions ? Oui, Monsieur ce sont *elles*.

Etes-vous assis ? *Devant qui* êtes-vous assis ? *Derrière quoi* êtes-vous assis ? *Qui* est assis à votre droite ? *Qui* est debout derrière la table ? Madame Renaud est-elle *à votre droite* ? Oui, Monsieur, elle est à ma droite.

Et qui est *à votre gauche* ? Personne. M. Dulac est il *à côté de* Madame Durand ? Non, Monsieur, il n'est pas à côté d'elle. Vous êtes trop *loin* de M. Moreau pour être à côté de lui. San Francisco est très loin de Boston. Brocklyn est *près* de New York. Etes-vous près de la fenêtre ? Etes-vous à côté de la table ? Non, Monsieur, je suis derrière la table.

Cette chaise-ci est *occupée*. Cette chaise-là n'est pas occupée, elle est *libre*. Par qui la chambre est-elle occupée ? Elle est occupée par plusieurs personnes.

Par quoi la table est-elle occupée ? Elle est occupée par plusieurs choses : des livres, des cahiers, etc.

M. Duval est-il occupé ? Oui, Monsieur, il est occupé à prendre sa leçon.

EXERCICES.

(1) Que—vous ? — — lève.

(2) — font Messieurs Renaud et Durand ? — — lèvent.

(3) M. Renaud reste-t-il debout ? Non, Monsieur, —s'—.

(4) —quelle chaise —'— il ? — — chaise-ci.

(5) Est — M. Moreau — lit l'exercice ? Non, Monsieur, ce —'— pas —.

(6) Sont — Mesdemoiselles Moreau—entrent ? Oui, Monsieur, ce — —.

(7) Qui — assis — côté — vous ? —'— M. Dulac.

(8) Devant — êtes — assis ? — — — — Madame Dulac.

(9) A droite — qui — vous assis ? — — — — votre droite.

(10) Etes-vous près — — fenêtre ? Non, Monsieur, — — près — — porte.

(11) L'Amérique — elle près — l'Europe ? Non, Monsieur, — — très — — l'Europe.

(12) — qui — chaise-ci est — occupée ? — — — — Madame Blanchard.

(13.) Et — chaise-là — elle aussi occupée ? Non, Monsieur, — — — .

(14) Sur —̈chaise — asseyez-vous ? — m' — — — chaise-ci.

(15) M. M. Duval et Moreau s' — ils ou — ils debout ? — — '—.

Faire les questions des réponses suivantes :

(1) Je me lève.
(2) Non, il ne s'assied pas devant la fenêtre, mais derrière la table.
(3) Elles se lèvent.
(4) Oui, c'est lui.
(5) Non, ce ne sont pas eux.
(6) Oui, Monsieur, ce sont elles.
(7) Non, il n'y a rien.
(8) Ils sont debout devant elles.
(9) Non, Monsieur, vous êtes assis à ma droite.
(10) Non, cette chambre n'est pas libre.

(11) Elle est occupée par plusieurs personnes.
(12) Elles sont occupées à prendre leur leçon.

---

(1) *Pronominal Verbs* are those which are conjugated with two pronouns of the same person; as, *je me* lève. They have no conjugation peculiar to themselves and follow the one to which they belong, which is known by the termination of the Infinitive.

(2) Je m'assieds, il (elle) s'assied, nous nous asseyons, vous vous asseyez, ils (elles) s'asseyent.

QUINZIÈME LEÇON.

Je touche *au* (à le) rideau. Touchez au rideau, Monsieur Girard. Que faites-vous? Que fait M. Girard?

(1)
Je peux toucher au gaz, mais je ne peux pas toucher au plafond; il est *trop* haut. Pouvez-vous toucher au tableau, Madame? Oui, Monsieur, je peux *y* toucher. M. Girard est-il assez grand pour toucher à la pendule? Non, Monsieur, il n'est pas assez grand pour y toucher, la pendule est trop haute pour lui. Madame Moreau peut-elle toucher au tableau? Madame Moreau est-elle plus grande que vous? Non, Monsieur, je suis plus grande qu'*elle*.

Je lève la table. Que fais-je, Monsieur? Vous levez la table. Pouvez-vous lever le poêle, M. Duval? Oui,

Monsieur, je peux le lever ; il n'est pas trop *lourd* pour moi. Cette boîte est-elle lourde ? Non, Monsieur, elle est très *légère ;* elle est plus légère que ce livre-ci.

Le papier est-il plus lourd que la boîte ? Non, Monsieur, il est plus léger.

M. Duval peut lever le poêle ; moi, je ne peux pas le lever. M. Duval est plus *fort* que moi. Etes-vous assez fort pour porter la table ? Etes-vous plus fort que votre mari, Madame ? Non, Monsieur, il est plus fort que moi. Mademoiselle Duval est-elle forte ? Non, Monsieur, elle est faible.

Je déchire le papier ; M. Moreau casse l'allumette. Je ne peux pas déchirer ce carton, il est trop épais. M. Moreau ne peut pas casser ma canne, elle est trop grosse. M. Renaud ne peut pas mettre ce livre dans sa poche, il est trop gros.

Pourquoi ne puis-je pas déchirer ce carton?

Parce qu'il est trop épais.

Pourquoi ne pouvez-vous pas toucher au plafond ?

Parce qu'il est trop haut.

Pourquoi M. Bertrand ne peut-il pas lever le poêle ?

Parce qu'il est trop lourd.

Pourquoi M. Moreau ne peut-il pas casser ma canne ?

Pourquoi ne puis-je pas mettre ce livre dans la poche ?

Pourquoi ne pouvons-nous pas (vous et moi) porter le piano ?

Si je reste (en restant) sur le plancher je ne peux pas toucher au plafond.

Si je monte (en montant) sur la table je peux y toucher.

Je ne peux pas écrire sur le tableau *sans* craie (si je n'ai pas de craie.).

M. Girard veut (2) sortir. Que voulez-vous faire, Monsieur ? Je veux sortir. Pouvez-vous sortir? Non, Monsieur, la porte est fermée à clé. M. Girard est-il obligé d'avoir la clé s'il veut sortir ? Oui, Monsieur, il est obligé de l'avoir. Etes-vous obligé de prendre des leçons si vous voulez parler français ? Qu' êtes-vous obligé d'avoir si vous voulez voyager ? Que sommes-nous obligés de faire si nous voulons sortir ? Nous sommes obligés de nous lever et d'ouvrir la porte.

EXERCICES.

(1) — je toucher — plafond ? Non, Monsieur, vous — — pas — toucher, — est — haut.

(2) — vous — grand pour — au gaz ? Oui, Monsieur, — — — —.

(3) M. Martin — il lever — grande table ? Non, Monsieur, il —'— pas — fort pour — lever.

(4) — piano est — plus lourd — — table ? Oui, — — — —.

(5) M. Duval — il déchirer ce carton ? Non, Monsieur, — — trop —.

(6) Pourquoi — puis — pas casser — canne ? Parce qu' — — trop gr. . .

(7) Pouvons-nous sortir — ouvrir — porte ? Non, Monsieur, nous — obligés — l'—

(8) Ces élèves peuvent — lire — livre? Non, — — obligés d'— avoir un.

(9) — veulent M. M. Renaud et Durand ? — — parler — professeur.

(10) Pourquoi veulent — lui parler? Parce qu' — ont l'intention de prendre — leçons — français.

Faire les questions des réponses suivantes :

(1) Non, Monsieur, elle ne peut pas y toucher.
(2) Oui, il est assez fort pour la lever.
(3) Il est plus fort que moi.
(4) Non, Monsieur, il est plus lourd.
(5) Parce qu'il n'a pas de livre.
(6) Parce qu'elle est trop grosse.
(7) Oui, Monsieur, il peut y toucher en montant sur la table.
(8) Non, Monsieur, je ne veux rien.
(9) Nous sommes obligés de nous lever.
(10) Non, Monsieur, je ne suis pas obligé de parler français.
(11) Je prends des leçons pour ma satisfaction personnelle.

---

(1) Je peux ou (je puis), il (elle) peut, nous pouvons, vous pouvez, ils (elles) peuvent.

(2) Je veux, il (elle) veut, nous voulons, vous voulez, ils (elles) veulent.

SEIZIÈME LEÇON.

Pronoms personnels.

Pronoms de la première personne.

Singulier.			Exemples.
Subject, Je, *I*			Je donne, *I give.*
Object.	moi,	me.	Suivez-moi, *follow me.*
		to me.	Ecoutez-moi, *listen to me.*
	me,	me.	Il me flatte, *he flatters me.*
		to me.	Il me parle, *he speaks to me.*

	Plur.		Exemples.
Subject,	nous,	we.	Nous donnons, *we give*.
Object, nous,	{ us.		Il nous voit, *he sees us*.
	to us.		Il nous parle, *he speaks to us*.

Pronoms de la deuxième personne.

Sing.

Subject,	Tu, *thou*.		Tu es heureux, *thou art happy*.
Object,	Toi, *thee*.		Je parle pour toi, *I speak for thee*.
	Te,	*thee*.	Dieu te voit, *God sees thee*.
		to thee	Je te parle, *I speak to thee*.

Plur.

Subject,	Vous, *you*.		Vous chantez, *You sing*.
Object, Vous		*you*.	Il vous connaît, *he knows you*.
		to you.	Je vous parle, *I speak to you*.

Pronoms de la troisième personne.

Sing.

Subject,	{ il, (m.) *he, it.*		Il donne, *he gives*.
	{ elle, (f.) *she, it.*		Elle donne, *she gives*.
Object,	lui, (m.)	{ *him.*	Il parle de lui, *he speaks of him*.
		{ *to him.*	Il lui parle, *he speaks to him*.
	elle, (f.)	*her.*	Il parle d'elle, *he speaks of her*.
	lui, (f.)	*to her.*	Je lui parle, *I speak to her*.

Plur.

Subject,	{ ils, (m.)	} *they.*	Ils mangent, *they eat*.
	{ elles, (f.)		Elles chantent, *they sing*.
Object,	eux, (m.) *them.*		Venez avec eux, *come with them*.
	elles, (f.) *them.*		C'est pour elles, *it is for them*.
	leur, (m. & f.) *to them.*		Je leur donne, *I give to them*.

Je donne le crayon à M. Paul. M. Paul reçoit (1) le crayon.

Que fais-je ? A qui est-ce que je donne le crayon ? Qui reçoit le crayon ? De qui M. Paul reçoit-il le crayon ? Est-ce que je donne le crayon ? Oui, Monsieur, vous le donnez. Est-ce que je donne le crayon à M. Paul ? Oui, Monsieur, vous le *lui* donnez.

Donnez des livres à M. Durand, Madame. Madame Bernard donne-t-elle des livres à M. Durand ? Oui, Monsieur, elle *lui* en donne. M. Durand reçoit-il des livres de Madame Bernard ? Oui, Monsieur, il en reçoit d'*elle*.

Vous êtes trop loin de la cheminée pour prendre la boîte ; je *vous* la passe. Que fais-je ? Est-ce que je *vous* passe la boîte ? Oui, Monsieur, vous *me* la passez.

A qui est-ce que je passe la boîte ? Pourquoi est-ce que je *vous* passe la boîte ?

Je suis trop loin pour vous passer les photographies ; je vous les apporte. Que fais-je ? Qu'est-ce que je vous apporte ? A qui est-ce que j'apporte les photographies ? Vous les apportez à ces messieurs. Est-ce que je vous apporte les photographies, Messieurs ? Oui, Monsieur, vous *nous* les apportez. Est-ce que j'apporte les photographies à M. M. Durand et Renaud ? Oui, Monsieur, vous les *leur* apportez.

J'envoie (2) un livre à M. Moreau. M. Duval, portez ce livre à M. Moreau, s'il vous plaît.

Que fais-je ? A qui est-ce que j'envoie le livre ? Par qui est-ce que j'envoie le livre ? Vous l'envoyez par M. Duval.

Est-ce que je donne *moi-même* le livre à M. Moreau ? Non, Monsieur, il le reçoit d'une autre personne.

Est-ce que j'envoie le livre à M. Moreau? Oui, Monsieur, vous le *lui* envoyez.

Est-ce que je donne des leçons de français à ces dames ? Oui, Monsieur, vous *leur* en donnez. Prenez-vous votre leçon avec ces messieurs ? Oui, Monsieur, je la prends avec *eux*.

Que faites-vous, Madame ? Je parle à Mademoiselle Moreau. De qui parlez-vous ? Je parle de mes sœurs, qui sont en voyage. Parlez-vous à Mademoiselle Moreau ? Oui, Monsieur, je *lui* parle. *Lui* parlez-vous de vos sœurs ? Oui, Monsieur, je *lui* parle d'*elles* (je *lui en* parle.)

Dites-vous quelque chose à Mademoiselle Moreau? Oui, Monsieur, je lui dis (3) que mes sœurs sont maintenant à Philadelphie, en route pour le Sud. Mademoiselle Moreau connaît-elle vos sœurs ? Oh ! oui, Monsieur, elle les connaît (4) très bien, nous sommes cousines. Pouvez-vous me dire votre nom ? Oui, Monsieur, je m'appelle Madame Leblanc.

EXERCICES.

Répondre aux questions suivantes en mettant des pronoms à la place des substantifs écrits en italique :

(1) Passez-vous *le livre* à *Madame Renaud ?*

(2) Apprenez-vous *l'emploi* des pronoms personnels ?

(3) *Ces demoiselles* ont-elles *des leçons de piano ?*

(4) Qui vous donne *les leçons de français ?*

(5) Envoyons-nous *des lettres* par la poste ?

(6) *Madame Moreau* parle-t-elle à *M. M. Durand et Gautier ?*

(7) Leur parle-t-elle *de Monsieur Paul ?*
(8) A qui apportez-vous *cette clé ?*
(9) De qui *ces dames* reçoivent-elles *ces journaux illustrés ?*
(10) Connaissez-vous *l'histoire de France ?*
(11) *Ces messieurs* disent-ils quelque chose à M. *Gillet ?*
(12) *Ces banquiers* envoient-ils *de l'argent* à leurs *clients ?*

Faire les questions des réponses suivantes en employant des substantifs à la place des pronoms :
(1) Non, je ne *lui* donne rien.
(2) Oui, nous parlons d'*elle*.
(3) Nous *leur en* envoyons trois.
(4) *Ils en* reçoivent cinq.
(5) Oui, nous *les leur* passons.
(6) Non, je ne vous *en* apporte pas.
(7) *Elles leur* disent que la leçon est très intéressante.
(8) Je ne connais pas la France, mais mon frère la connaît très bien.
(9) *Elle* me passe un canif.
(10) Non, Monsieur, *ils* ne *leur en* donnent pas.

---

(1) Je reçois, il (elle) reçoit, nous recevons, vous recevez, ils (elles) reçoivent.

(2) J'envoie, il (elle) envoie, nous envoyons, vous envoyez, ils (elles) envoient.

(3) Je dis, il (elle) dit, nous disons, vous dites, ils (elles) disent.

(4) Je connais, il (elle) connaît, nous connaissons, vous connaissez, ils (elles) connaissent.

DIX-SEPTIÈME LEÇON.

Je coupe cette feuille de papier en deux morceaux. Que fais-je ? Avec quoi est-ce que je coupe cette feuille de papier ? En combien de morceaux est-ce que je coupe cette feuille de papier ? Que faisons-nous avec un couteau ?

Avec les jambes nous marchons. Que fait-on avec les jambes ? Que fais-je ? Sur quoi est-ce que je marche ? Avec quoi marchons-nous ?

Avec les yeux nous voyons. (1) Avec les oreilles nous entendons. (2) Que faisons-nous avec les yeux ? Que faites-vous avec les oreilles ? Voyez-vous *ce* qu'il y a dans cette boîte ? Non, Monsieur, je ne *le* vois pas. Je frappe sur la table avec le poing. M'entendez-vous frapper ? Avec quoi entendez-vous ? Voyez-vous ce que je fais ? Qu'est-ce que je fais ? Avec quoi voyons-nous ?

Avec le nez nous sentons. (3) Voici des fleurs : une rose, une tulipe, des violettes, une pensée et un jasmin. La rose sent *bon*, le gaz sent *mauvais*. Le papier ne sent ni bon ni mauvais, il ne sent pas du tout. (il n'a pas d'odeur.) La rose sent *meilleur* que la violette. Le gaz sent *plus mauvais* que l'encre. L'œillet sent-il bon ? Quelle fleur sent meilleur, la violette ou la pensée ? Sentez ce géranium. Que sent-il ? Il ne sent pas du tout.

Toutes les fleurs sentent-elles ? Quelques-unes sentent, quelques autres ne sentent pas. Quelle fleur sent *le meilleur*, la rose, la violette ou le jasmin ? Avec quoi sentons-nous ?

Avec la bouche nous parlons. Parlons-nous anglais ici ? Vous parlez très *bien* l'anglais, mais vous parlez *mal* le français. Parlez-vous *mieux* le français que l'allemand ? Quelle langue parlez-vous *le mieux* ?

Je parle à haute voix, vous entendez très bien. Je parle à voix basse, vous n'entendez pas bien. Comment est-ce que je parle, à haute voix ou à voix basse ?

Je lis *vite*, je lis *lentement*. Comment est-ce que je lis, vite ou lentement ? Pouvez-vous lire le français vite ? Non, Monsieur, je suis obligé de le lire lentement.

Comment marchez-vous dans la rue, M. Durand ? Je marche très vite. Est-ce que je parle trop vite pour vous ? Non, Monsieur, je vous suis (4) facilement et comprends (5) très bien vos explications.

Avec la bouche nous mangeons et nous buvons. (6) Nous mangeons quand nous avons faim ; nous buvons quand nous avons soif.

Nous mangeons du pain, de la viande, des pommes de terre, des gâteaux et d'autres *aliments*. Nous buvons de l'eau, du vin, du café, du thé, du lait et d'autres *boissons*.

Les personnes riches peuvent boire du champagne. Les personnes pauvres ne peuvent pas *en* boire parce qu'il coûte trop *cher* Le café et le thé sont relativement *bon marché ;* ils ne coûtent que trois francs la livre.

La pomme, la poire, la pêche, le raisin, la fraise, etc., sont des *fruits*.

La pomme de terre, le chou, le navet, les haricots, les petits pois, etc., sont des *légumes*.

J'aime beaucoup les légumes mais je préfère (7) (j'aime mieux) les fruits. Mangez-vous des légumes avec la viande ? Les fruits sont-ils bons à manger ? Quels fruits avez-vous dans cette contrée ? Quel fruit est le meilleur, la pomme, la poire, ou la pêche ? Quel légume préférez-vous ?

Connaissez-vous la groseille, la framboise, la prune, l'abricot, la cerise ?

EXERCICES.

(1) Avec — coupez — cette feuille — papier ?
Je — coupe — — — .

(2) Que fait — on — les yeux ? — — .

(3) — faisons — avec — bouche ? Nous m . . . ,
— b. . . et — p. . .

(4) — fait-on — — nez ? — s. . .

(5) La rose — — bon ? —, — — — .

(6) — fleur sent meilleur, — rose ou — tulipe ?
— rose — — que — tulipe.

(7) — gaz — — plus mauvais — l'encre ? —, —
— — — .

(8) Comment parlons-nous ici, à h. . . voix ou —
voix — ? Nous — à — — .

(9) Mangez-vous des pommes — terre avec —
viande ? Oui, Monsieur, —'— m. . . .

(10) — buvez-vous ? Je — de l'eau, du c. . ., du
l. . . et du th. . .

(11) Aimez-vous à s. . . les fleurs ? Oui, Monsieur,
—'— beaucoup — les sentir.

(12) — fruit préférez-vous ? — — la pêche.

(13) Les légumes sont — bon marché au Canada ?
Non, Monsieur, ils c. . . assez — .

(14) Buvez — — lait ? Oui, —'— b. ., mais je ne
—'— pas beaucoup.

(15) Comprenez — très bien — dix-septième leçon ?
Oui, Monsieur, je — c. . . parfaitement.

* Je mange de la viande et d... pommes de terre à mon déjeûner. (2) Vous buvez d.. café et d... lait, mais vous ne prenez pas d.. thé. (3) Avez-vous d.. l'— ? Non, Monsieur, je n'ai pas d'— mais j'ai d.. vin.

---

(1) Je vois, il (elle) voit, nous voyons, vous voyez, ils (elles) voient.
(2) J'entends, il entend, nous entendons, vous entendez, ils entendent.
(3) Je sens, il sent, nous sentons, vous sentez, ils sentent.
(4) Je suis, il suit, nous suivons, vous suivez, ils suivent.
(5) Same conjugation as " prendre."
(6) Je bois, il boit, nous buvons, vous buvez, ils boivent.
(7) Je préfère, il préfère, nous préférons, vous préférez, ils préfèrent.
    * For the contraction of the article, see page 14.

DIX-HUITIÈME LEÇON.

Passons, s'il vous plaît, dans la salle à manger et mettons-nous à table.

Voici des cuillères, des fourchettes, des couteaux, des assiettes, des verres, des tasses, des soucoupes, etc.

Voyez comme la nappe et les serviettes sont blanches. Il y a aussi un gros bouquet de fleurs dans un vase, au milieu de la table. Cette domestique est intelligente et connaît son travail. Suzanne ! servez (1) le potage, s'il vous plaît.

Nous mangeons la soupe et le potage avec la cuillère. Avec la fourchette nous portons la viande à la bouche.

Voulez-vous un verre de vin, Madame ? Et vous, Monsieur, que buvez-vous ? Donnez-moi de la bière, je vous prie. Je verse le vin dans le verre. Suzanne verse le thé dans la tasse.

Ce café n'a pas bon *goût*, il est trop amer. Passez-moi le sucrier, s'il vous plaît. Les aliments et les boissons ont des goûts différents. Ainsi le sucre est *doux* et le café sans sucre est *amer*. Le citron est très *aigre*.

Ce beafteck est *fade ;* passez-moi, s'il vous plaît, le sel et le poivre.

Nous goûtons (2) avec la langue et le palais. Goûtez ce vin blanc, Monsieur. A-t-il un goût agréable ? A-t-il aussi une bonne odeur ?

Mon père aime beaucoup les œufs "sur le plat." Ma mère les préfère "à la coque" et moi "en omelette." L'omelette au persil est délicieuse.

Sur la table, le vin est dans la bouteille ; l'eau, dans la carafe ; le café, dans la cafetière ; le thé, dans la théière ; le sucre, dans le sucrier ; la soupe, dans la soupière.

Voici une bonne salade de laitue. Pour faire la salade la cuisinière met de l'huile, du vinaigre, du poivre, du sel et quelquefois de la moutarde. La salade est bonne à manger séparément, mais elle est meilleure avec le rôti.

Comme dessert nous avons des gâteaux, des fruits et du fromage. Ces fruits ne sont pas seulement bons à manger, ils sont aussi beaux à voir. Voyez cette pomme jaune et rouge. N'est-elle pas très belle ? Le jasmin est beau mais n'est pas bon. La pomme de terre est bonne mais n'est pas belle. La pêche est bonne et belle.

EXERCICE.

Répondre aux questions suivantes :

(1) Que voyez-vous sur la table ?
(2) Que faisons-nous avec la cuillère, la fourchette et le couteau ?
(3) Dans quoi versons-nous le vin, le lait et l'eau ?
(4) Buvons-nous le thé et le café dans un verre ?
(5) Dans quoi mettons-nous la soupe sur la table ?
(6) Sur quoi sont la viande et les légumes ?
(7) Avec quoi goûtons-nous ?
(8) Quel est le goût du café sans sucre ?
(9) Et quel est le goût du sucre ?
(10) Aimez-vous les œufs " à la coque", "sur le plat" ou "en omelette" ?
(11) Dans quoi sont le vin, l'eau, le café, le thé, le sucre ?
(12) Mettez-vous du sucre dans votre café ?
(13) Avec quoi fait-on la salade ?
(14) Mangez-vous la salade avec le rôti ?
(15) Quel dessert préférez-vous, les gâteaux ou les fruits ?
(16) Aimez-vous la soupe au fromage ?
(17) Votre livre est-il bon ?
(18) Est-il beau ?

(1) Je sers, il (elle sert, nous servons, vous servez, ils (elles) servent.

(2) Je goûte, il (elle) goûte, nous goûtons, vous goûtez, ils (elles) goûtent.

DIX-NEUVIÈME LEÇON.

PRONOMS POSSESSIFS.

Singulier.

Masc.	Fém.
le mien.	la mienne.
le tien.	la tienne.
le sien.	la sienne.
le nôtre.	la nôtre.
le vôtre.(1)	la vôtre.
le leur.	la leur.

Pluriel.

Masc.	Fém.
les miens.	les miennes, *mine*.
les tiens.	les tiennes, *thine*.
les siens.	les siennes, *his, hers, its*.

Pluriel masc. et fém.
  les nôtres, ours.
  les vôtres, yours
  les leurs, theirs.

Votre maison est-elle plus grande que la mienne ? Oui, Monsieur, elle est plus grande que la vôtre ? Vos livres sont-ils plus gros que les livres de Madame Moreau ? Oui, Monsieur, ils sont plus gros que les siens. Quel est le plus grand crayon ? Le mien est le plus grand. Quelle est la plus belle chaise ? La mienne est la plus belle. Quels sont les meilleurs exercices ? Les nôtres sont les meilleurs ; les leurs sont les plus mauvais

PRONOMS DEMONSTRATIFS.

Singulier.

Masc.	Fém.	
ce,		....this, that, it.
celui,	celle,	that.
celui-ci,	celle-ci,	this.
celui-là,[2]	celle-là,	that.
ceci,	......	this.
cela,[3]	......	that.

Pluriel.

Masc.	Fém.	
ceux,	celles,	those.
ceux-ci,	celles-ci,	these.
ceux-là,	celles-là,	those.

Ce livre est celui de M. Leblanc. Cette chaise est celle de Madame Leblanc.

Voici deux dictionnaires, Madame. Voulez-vous celui-ci, ou celui-là ? Nous avons des chaises brunes et des chaises noires : celles-ci sont plus grandes, celles-là sont plus belles.

Quels sont ces gants ? Ceux-ci sont les miens, ceux-là sont les vôtres.

EXERCICE.

(1) Quel est ce chapeau ? C'est —— .
(2) Est-ce ma canne ? Oui, Monsieur, —'—— —.

(3) Sont-ce les exercices de M. Moreau? Non, Monsieur, ce ne sont pas — —, ce sont — m...

(4) Quel est ce livre-ci? C'est c... de M. Durand.

(5) — est cette boîte? —'— c... de Madame Durand.

(6) Est-ce votre crayon? Non, Monsieur, ce n'est — le mien.

(7) Est-ce celui — Madame? Oui, Monsieur, —'— le s...

(8) Connaissez — — France et la Grèce? Oui, Monsieur, — — connais ; — ci est petite et pauvre; — là est grande et riche.

(9) Donnez—moi ceci, s'il vous plaît. Je ne peux pas vous donner —, mais vous pouvez prendre—.

(10) A qui sont ces bonbons? — ci sont les s...., — là sont les l...

---

(1) The circumflex accent in the possessive pronouns *le nôtre* and *le vôtre* is to distinguish them from the possessive adjectives "*notre*" and "*votre*" (see quatrième leçon)

(2) When two or more objects have been spoken of *celui-ci, celle-ci, ceux-ci, celles-ci* are used with refere to the nearest, and *celui-là, celle-là, ceux-là, celles-là* re to the most distant, or first mentioned object.

(3) *Ceci*, this, and *cela*, that, are never followed by a noun, nor used with reference to a noun mentioned before ; they stand for something pointed at but not named ; they have no plural, and are both masculine.

REGLES PRATIQUES

SUR LA

PRONONCIATION.

DIVISION INTO SYLLABLES.

There is one general easy rule for dividing the syllables in French. But this single rule is most important for the accurate pronunciation of the language.

A syllable ends with a vowel, and the next begins with a consonant. For instance, Amérique is thus divided: A-mé-ri-que; Canada, Ca-na-da.

This occurs when there is but one consonant in the case. When there are two consonants, the English rule usually prevails and the division will be between the consonants.

Ex: plancher = plan-cher.
électricité = é-lec-tri-ci-té.

It must be observed that *e muet* after a consonant forms a syllable in French: plu-me.

In such combination of consonants as *ble, bre, pre*, the custom is again nearly the same in French as in English: possible = pos-si-ble; probable = pro-ba-ble.

Frequent practice in dividing words into syllables according to above rules will contribute to impart the true French accent. For here lies one of the great differences between the English and French spoken languages.

Another advantage of the rule is that whenever a pupil hesitates at the sight of the word in bulk, if he is made to take the word apart into its component syllables, he will pronounce it without any assistance.

PRONUNCIATION.

GENERAL RULES.

Vowels.

A.

a has two sounds:

(1) The common short sound as in *matter*.
   Ex.: ca-ma-rade.
(2) A broad, open sound, as in *father*. This sound is usually represented by *â*.
   Ex.: la pâ-te.

E.

e has three sounds.

(1) *e muet* (silent). Ex.: Ma sœur est gaie.
   e muet is usually not sounded at the end of the words.
(2) *é fermé*, or close sound. The nearest approach to it in English is *ai* in *daily*. The *é*, however, is shorter and sharper. The sound is represented (a) by *é* with acute accent. Ex.: été; (b) by *er* or *ez* final; parl*er*: le n*ez*.
(3) *è ouvert* (open or broad e) as in English *success*. This sound is represented—
(a) by *è* with accent grave; la mère.
(b) by *e* followed by two consonants: ve*r*tu.
(c) *ê* in a final syllable: fo-rêt.
(d) *es* in monosyllables: mes.
(e) *et* final: boul*et*.

ê with circumflex accent, not final, is said to be long; it has a longer but more slender sound than è. Ex.: la tête.

I.

i as *e* in *me*. The sound is stronger and longer than the English *i* (e).

O.

o has a broad, open sound, as in *note* :
When followed in the same syllable by one or two consonants which are sounded : la mo-de ; or-gane.

In most other cases *o* is pronounced as in *deposit*, le dépôt.

ô with circumflex accent has the close sound, but longer. Ex.: le nôtre.

U.

u has no equivalent sound in English. In theory it may be formed by shaping the lips firmly so as to pronounce *o*, and then try to say *ee*. The sound is easily acquired by proper practice with a person who can pronounce it well.

thou wert ; tu fus.

Y.

y not between two vowels is simply *i*. Ex.: le bicycle, il y a.

Consonants.

C.

c is pronounced like *k* before *a, o, u,* and like *s* before *e, i ; square,* carré ; *city,* cité.

But ça, ço, çu are pronounced *sa, so, su.* The *cedilla,*

or sign under the ç, is in reality a little *s* indicating this peculiar pronunciation of *c*.

ch= sh exactly : bought, a-*che*-té.

G.

g is always hard in *ga, go, gu,* as in English : la gorge. *U* after *g* is commonly silent.

H.

h, as in English, is either silent : l'*h*eure ; or aspirate : le *h*éros.

When silent it does not affect the pronunciation ; but *a* in *la* (the), and *e* in the monosyllables *le, je, me, te, se, de,* etc., are elided and joined to the next word in pronunciation : the coat, l'habit (labi.)

When aspirate, the effect is no less marked than in English but in a quite different manner. The *h* itself is not aspirated in pronunciation, but it requires a slight pause after the preceding word. Ex : la || harpe. No linking takes place.

J.

j, as *s* in leisure : *I*, je ; *pretty*, joli.

L.

l is sounded at the end of words after *a, e, i, o, u* : Ex: ma*l*, cie*l*, exi*l*, co*l*, recu*l* *(recoil.)*

R.

r should be always well pronounced at the beginning and in the middle of the words. The sound is not to be guttural, but as the English have it in *merry*, etc.

r final is always heard in *ar, ard, art, or, ort, ir, ur, (eur, our.*]

Ex : pa*r*, o*r*, mu*r*, chanteu*r*, cui*r*, pou*r*, etc.

r final is, however, silent in *er*, which is pronounced *é*.

Ex : alle*r*, lége*r*, le berge*r* (shepherb.)

S.

s is usually silent at the end of the words : le bra*s*.

It takes the sound of *z* as in ro*s*e, only when between two vowels : Ex : la pro*s*e.

Whenever preceded or followed by another consonant, it retains its proper sound : le de*ss*ert.

T.

t final is commonly silent : il fai*t*.

ti takes often the sound of *ci* in words which in English have a corresponding soft sound : l'aristocra*ti*e.

th is pronounced *t* simply : At*h*ène.

W.

w, in words derived from the English, preserves mostly the English sound : tram*w*ay, sand*w*ich, etc.

Steam-car, le wagon, is however pronounced *va-gon*.

In words derived from the German it takes the sound *v :* la landwerh (*vère.*)

NASAL SYLLABLES. GENERAL RULES.

For convenience' sake, the sound of vowels followed by the letter *n* in the same syllable has been called *nasal*, because issuing partly through the nose. These sounds are not peculiar to the French language ; they exist in English, in the same syllable. Attention to that point will do away with many difficulties and clear at once apparent contradictions.

There are four principal nasal sounds: *an, in, on, un.*

An.

an (and *am*) sounds very much like *an* in w*ant*.

Em.

en (and *em*) ending a syllable are pronounced like *an*: le sile*nce*; en Fra*nce*; ense*m*ble.

In.

in (im, aim, ain, ein, ym) sounds very much like *an* in Y*an*kee:

Ex.: pa*in*, v*in*, s*im*ple, pl*ein*, s*ym*ptôme.

On.

on (om) as in the English w*on*t, *n* clipped short. Ex.: le d*on*, le n*om*, le mel*on*, Lé*on*.

Un.

un (um) somewhat like the same sound, *n* being withheld, as in *slung*.

Ex.: l*un*di, parf*um*, h*um*ble.

COMBINATION OF VOWELS AND PRINCIPAL DIPHTHONGS.

Ai.

In most cases it has a open sound, like *è :*
(1) When final in nouns and in adjectives : un bal*ai ;* vr*ai.*
(2) In endings *ais :* j'av*ais*, I had.
3. In the middle of the words : la ch*ai*se.

There are indeed shades of pronunciation in the latter case, but foreigners need not really trouble themselves about them.

Au.

au (eau) has generally the sound of *o* in doting :
Ex : l'*eau,* h*au*t, le chap*eau.*

Ea.

ea has only the sound *a :* he *ate,* il mang*ea.*

Ei.

ei like *é* or *ai :* la S*ei*ne.

Eu.

eu has no equivalent in English ; it sounds somewhat like *ur* in furl: je v*eux ;* le f*eu.*

Oi.

In the diphthong *oi, i* takes the sound of *a ;* therefore *oi* may be pronounced like *wa* in *wa*dding.
Ex : *moi*, une f*ois* (once) ; la s*oie.*

Grammarians give the sound of a open in oi ; to grow, cro*i*tre.

o*in* is pronounced o-*ain* : far, l*oin*.

Oo.

oo, in the few words where they appear, are pronounced separately.

Ex : la z*oo*logie ; c*oo*pérer.

Ou.

ou is pronounced as *oo* in cool : *the neck*, le c*ou*. Où is somewhat longer : to disgust, dé*goû*ter.

Ui.

Though *ui* is properly a diphthong, both letters being pronounced, the *u* is short, so that *ui* corresponds nearly to the English *we*: night, la nuit.

Y.

y preceded by a vowel is to be decomposed into two *i*'s ; that is *y* = *i*—*i*, the first *i* combining with the preceding vowel and the second *i* beginning another sy" ' 'e.

Ex : payer = pai-ier.

However, *ye* inding a word is simply prynounced as *i* long in similar circumstances : *he sweeps*, il bala*ye* (pr. balai.)

Liquid L—(L mouillé.)

l takes a liquid sound like *ye* in the following final syllables, *ail, eil, euil, ouil,* which are pronounced *a-ye* (open sound of *a*), *è-ye, eu-ye, ou-ye*. Œ*il* and *ueil* are pronounced like *euil* :

Ex : le ba*il*, le sole*il*, le se*uil*, le fen*ouil*.

In the middle of the words, the same syllables with double *l* have the same liquid sound.

Ex : me*ill*eur, la bat*aille*, accue*ill*ir. *ill* has also the liquid sound.

Ex : la van*ille*, le tourb*ill*on.

THE LINKING. (LA LIAISON.)

In the preceding pages the consonants have been noted which are not usually pronounced when ending a word. Yet when the next word begins with a vowel or silent *h*, it is usual to sound those final consonants, especially *s* and *t*, as if they began the next word. Thus : mes amis, il faut entrer, will be pronounced : mè-zamis, il faut tentrer.

It must be observed, first of all, however, that this carrying of a consonant to the next word, is hardly ever obligatory. There is a considerable freedom in that respect. The rule for linking is to connect thus, in pronunciation, words which are intimately connected by the sense, especially adjective and following word (noun principally), pronoun, subject and verb.

If any difficulty is experienced in making the connection, better omit it. Too close an adherence to the linking would look like affectation.

D.

Final *d*, when carried over, is pronounced *t* : Un grand enfant = gran-tan-fan.

This linking is practically limited to adjectives and verbs, as follows : Second étage ; quand est-ce ?

G.

G is seldom carried over in familiar conversation; then it takes the sound of K. Un long hiver = un lon-Ki-vèr.

N.

Final *n*, in the nasal sounds, is carried over only in adjectives when in close connection with the next word: un homme = un nome. Mon enfant = mo nenfant.

It must be observed that the nasal sound, in these cases, is retained, although the final *n* goes to the next word: ton idée = ton nidée. *n* is not linked in the nouns: du vin || et de l'eau.

P.

p final is linked only in *much*, beaucoup, and *too much*, trop.

Beaucoup à dire; trop à faire.

R.

r silent in words ending in *er* should not be carried over in conversation, though some people may pronounce it in declamation. Aimer à manger ensemble, is better pronounced: aimé à mangé ensemble.

In those cases where *r* is pronounced in a final syllable, though followed by a consonant, the linking is with *r*, not with the final consonant: une part assurée = une par assurée.

S.

s in linking takes the sound of *z*:
mes amis = mè-zamis.

T.

Especially with final *t* does the linking take place only between words having intimate connection: cet arbre.

But say: un enfant ‖ et son père.

t in (*et*) conj. is never linked: Et ‖ il dit.

X.

x when carried over sounds *z*: aux autres = ô-zôtre; deux à deux = deu-za-deu.

THE TONIC ACCENT.

The tonic accent in French is not less simple than the division of syllables: A slight stress on the last full syllable of a word: mai*son*; atten*dez*; prin*ci*pe.

When there are more than two syllables, those preceding the accented one are usually evenly pronounced, save of course the case of the elided *e muet:* monotonie = mo-no-to-*nie*.

A monosyllable attached at the end of another word by a hyphen is then part of that word and takes the tonic accent: Sortira-t-*elle* ?

When several monosyllables follow each other, good usage and practice alone can teach where the tonic accent is. There is, however, in the language itself a harmony which, through a kind of instinct, directs the speaker rightly.

In the following example, the syllables in italics bear the tonic accent:—

—— Bon*jour*, Monsieur, comment allez-*vous* ?

—— Pas très *bien*. j'ai un vio*lent* mal de *tê*te.
—— C'est *parce* que vous ne *sor*tez pas as*s*ez.
 Consultez un médecin, il vous dira que vous avez besoin d'exercice.
—— Ye con*nais* tout ce*la*, mon a*mi ;* mais, si je *pas*se mon temps à me prome*ner*, qui *fera* mon travail ?

LEÇONS ÉLÉMENTAIRES.

CONVERSATION.

Le professeur Lauzun rencontre le docteur Ferrière dans la rue.

M. L......Bonjour, Monsieur, comment allez-vous ?
M. F......Bien, merci. Et vous ?
—— J'ai une légère migraine, mais ce n'est rien.
—— Comment se porte votre famille ?
—— Très bien, je vous remercie. Ma femme est en voyage avec les enfants.
—— Ah ! et où vont-ils ?
—— A Alger, pour y passer l'hiver.
—— Dites-moi, où prenez-vous vos repas, maintenant que vous êtes garçon ?
—— Je n'ai pas de préférence et je mange un peu partout.
—— Voulez-vous venir à mon restaurant ? Je vous invite à déjeûner.
—— Mille grâces, docteur, vous êtes trop aimable.
—— Vous acceptez, n'est-ce pas ?
—— Avec beaucoup de plaisir. Mais où allons-nous ?
—— Près d'ici, au restaurant du " Chapon Fin."
—— Bien, je suis à vous.
—— Allez-vous au théâtre ce soir ?
—— Non, j'ai trop d'occupations.
—— Traversons la chaussée et prenons l'autre trottoir.
—— De quel théâtre parlez-vous ?
—— Du Grand-Théâtre. On joue les "Huguenots."

―― Je regrette de ne pouvoir vous accompagner.
―― Nous sommes au restaurant. Donnez-vous la peine d'entrer. Je vois là une petite table où il n'y a personne. Prenons-la.
―― On est très bien, ici.
―― Oui, et ce coin est très tranquille.

Le garçon..Voici la carte, Messieurs.
M. F......Bien, merci. Voyons le menu. (Il lit le menu.) Que désirez-vous ?
M. L......Une sole frite et un beafteck aux pommes.
M. F......Bien. Garçon ! Donnez-nous, s'il vous plaît, deux soles frites et, ensuite, un beaf-teck aux pommes et un filet de bœuf aux champignons.
Le garçon..Quel vin faut-il servir à ces Messieurs ?
M. F......Du Saint-Estèphe, n'est-ce pas ?
M. L......Oui, il est très bon.
―― Ces soles sont excellentes. Passez-moi le vinaigre, je vous prie.
―― J'aime beaucoup le poisson ; c'est un aliment léger et agréable au goût.
―― Aussi je le recommande aux personnes qui ont l'estomac faible et délicat.
―― Voulez-vous verser à boire, s'il vous plaît ?
―― Certainement. (Il verse à boire.)
―― A votre santé, docteur.
―― A la vôtre, Monsieur. Garçon !
Le garçon..Monsieur ?
M. F......Apportez le second service.
Le garçon..Bien, Monsieur.
M. F......Cette eau n'est pas fraîche. Emportez cette carafe et apportez-en une autre.

Le garçon .. Voilà, Monsieur.
M. F. . . . . . . Que prenez-vous comme dessert ?
M. L. . . . . . . Un morceau de Roquefort.
—— Buvez-vous une tasse de café après le déjeûner ?
—— Oui, c'est mon habitude.
—— Ne prenez-vous plus rien ?
—— Non, merci.
—— Garçon ! l'addition, s'il vous plaît.
Le garçon .. Deux couverts à 2 fr. 50, une bouteille de Saint-Estèphe à 3 francs et deux cafés à 50 centimes : total, neuf francs.
M. F. . . . . . . Voici dix francs.
M. L. . . . . . . Sortons-nous ?
—— Oui. Voulez-vous faire une promenade avec moi ?
—— Je vous remercie, mais je ne peux accepter.
—— Pourquoi ?
—— J'ai un rendez-vous à trois heures.
—— Alors, au revoir, cher Monsieur.
—— Au revoir, docteur. Venez déjeûner avec moi demain.
—— Je vous le promets.

EXERCICES.

(1) Où M. Lauzun rencontre-t-il M. Ferrière ?
(2) Quelle est la profession de M. Lauzun ?
(3) Et quelle est la profession de M. Ferrière ?
(4) Quelle est votre profession ?
(5) Lequel de ces messieurs salue le premier ?

(6) Que dit-il ?
(7) Que répond le docteur ?
(8) M. Lauzun se porte-t-il bien ?
(9) Comment vous portez-vous ?
(10) Que demande ensuite le docteur ?
(11) Où sont Madame Lauzun et ses enfants ?
(12) Où vont-ils ?
(13) Où est Alger ?
(14) Pourquoi vont-ils à Alger ?
(15) Où mange M. Lauzun pendant l'absence de sa famille ?
(16) Quelle invitation fait le docteur ?
(17) M. Lauzun accepte-t-il l'invitation ?
(18) Où veut déjeûner le docteur ?
(19) Le restaurant est-il loin ?
(20) Allez-vous quelquefois au théâtre ?
(21) Que font le docteur et M. L. avant d'arriver au restaurant ?
(22) Pourquoi traversent-ils la chaussée ?
(23) De quel théâtre parle le docteur ?
(24) Que joue-t-on au Grand-Théâtre ?
(25) M. L. regrette-t-il de ne pouvoir accompagner son ami au théâtre ?
(26) Quel est le nom du restaurant où ils entrent ?
(27) Où est placée la table qu'ils prennent ?
(28) Qui est-ce-qui présente la carte à ces messieurs ?
(29) Qu'est-ce que le menu ?
(30) Qui est-ce qui lit le menu ?
(31) Que demandent le docteur et M. Lauzun ?
(32) Quelle question fait le garçon ?
(33) Aimez-vous le poisson ?
(34) Connaissez-vous les noms de quelques poissons ?

(35) Tous les poissons sont-ils bons à manger ?
(36) Quelle espèce de poisson demandent M. L. et le docteur ?
(37) Qui est-ce qui boit à la santé du docteur ?
(38) Que répond le docteur ?
(39) Dans quoi mettons-nous l'eau sur la table ?
(40) Pourquoi le docteur fait-il emporter la carafe ?
(41) Quel dessert prend M. Lauzun ?
(42) Fait-on du fromage de Roquefort au Canada ?
(43) Que boit M. Lauzun après son déjeûner ?
(44) Que demande le docteur au garçon ?
(45) Pourquoi lui demande-t-il l'addition ?
(46) Le garçon fait-il l'addition ?
(47) Quel est le total ?
(48) Qui paie le déjeûner ?
(49) Pourquoi le docteur paie-t-il ?
(50) Combien d'argent donne-t-il ?
(51) Que font ensuite ces messieurs ?
(52) Que veut faire le docteur ?
(53) M. Lauzun accepte-t-il ?
(54) Pourquoi ne peut-il pas accepter ?
(55) A quoi invite-t-il le docteur ?
(56) Le docteur promet-il d'aller déjeûner avec M. L. le lendemain ?

LE PETIT GARÇON MODÈLE.

Charles est un jeune garçon de douze ans. Sa famille se compose de son père, de sa mère et d'une petite sœur de huit ans. Il a aussi des oncles, des tantes, des cousins et des cousines. Les parents de Charles possèdent une grande maison avec un joli jardin. Le père travaille dans son magasin ; la maman s'occupe de la maison et dirige le ménage.

A l'école, Charles est un élève sage et appliqué. Il est attentif aux explications de son maître. Pendant la leçon il ne bavarde pas avec ses camarades.

Dans la rue, il marche tranquillement. S'il rencontre des garçons qui jettent des pierres il ne joue pas avec eux. Il salue les personnes de sa connaissance et est poli avec tout le monde.

Quand sa maman reçoit des visites Charles se tient correctement à table et au salon. Il ne parle pas avant les grandes personnes ; il attend qu'on l'interroge et, quand on lui commande quelque chose, il obéit tout de suite. Après dîner il prépare ses leçons et écrit ses exercices.

Aussi, Charles fait la joie de sa famille. Ses parents sont fiers de lui et l'aiment beaucoup. C'est un petit "homme."

Répondre aux questions suivantes :

(1) De qui parle-t-on dans le morceau précédent ?
(2) Qui est Charles ?
(3) Quel âge a-t-il ?
(4) De combien de personnes se compose sa famille ?
(5) Quel âge a sa petite sœur ?
(6) Que fait le père de Charles ?
(7) Et que fait sa maman ?
(8) Aimez-vous vos parents ?
(9) Que possèdent les parents de Charles ?
(10) Charles va-t-il à l'école ?

(11) Est-il un bon élève ?
(12) Bavardez-vous pendant la leçon ?
(13) Que fait Charles dans la rue ?
(14) Joue-t-il avec les méchants petits garçons ?
(15) Qui salue-t-il ?
(16) Saluez-vous les étrangers ?
(17) Avec qui Charles est-il poli ?
(18) Comment se tient-il à table et au salon ?
(19) Que fait-il quand on lui commande quelque chose ?
(20) Aimez-vous voir un enfant commander ?
(21) Que fait Charles après dîner ?
(22) De qui fait-il la joie ?
(23) Ses parents l'aiment-ils ?
(24) Aimez-vous les petits garçons comme Charles ?

LA MAISON DU DOCTEUR.

M. Dufresne.—Avez-vous le temps de m'accompagner ? Je désire visiter un de mes amis qui habite cette belle maison que nous voyons d'ici, sur la colline.

M. Renaud.—Avec plaisir. Faut-il faire de la toilette ?

—— Non, ce n'est pas une visite de cérémonie.

—— Alors, partons.

—— Prenons ce petit chemin, il est plus direct que la route.

—— A qui appartient cette maison ?

—— Au docteur Séverin. C'est sa maison de campagne. Ce n'est vraiment qu'un cottage, mais il est charmant. Connaissez-vous le docteur ?

—— Personnellement, non, mais c'est un camarade d'études de mon père.

Le docteur S.—Bonjour, Messieurs. Venez-vous me voir ? Si cela est vous êtes bien aimables.

M. Dufresne.—Permettez-moi de vous présenter M. Edouard Renaud, avocat. Monsieur arrive de Paris et vient passer quelques jours dans notre ville.

Le docteur S.—Vous êtes le bienvenu, M. Renaud. Je suis heureux de faire votre connaissance. Je ne suis pas tout à fait un étranger pour vous car je connais monsieur votre père depuis longtemps. Mais entrez donc, s'il vous plaît. Voulez-vous accepter quelques rafraîchissements ?

M. Dufresne. —Comment vont Madame Séverin et Mademoiselle votre fille ?

Le docteur S.—Très bien, merci. Ces dames font, en ce moment, une promenade à cheval.

M. Dufresne.—C'est la première fois que je viens ici depuis votre installation d'été. Excusez ma curiosité, mais pouvons-nous, sans indiscrétion, visiter un peu votre charmante villa ?

Le docteur S.—C'est très facile, mon ami, et il n'y a aucune indiscrétion à cela. La façade principale a vue sur la ville. Remarquez comme le corridor est large !

—— Où est le salon ?

—— Ici. Il occupe tout le côté droit du rez-de-chaussée.

—— Il est très beau et contient de beaux meubles.

—— Oui, et les fournitures seules me coûtent sept mille francs. Madame Séverin n'aime pas ce tapis et veut le faire changer. Elle prétend que les dessins en sont de mauvais goût.

—— Oh ! Madame Séverin exagère, sans doute. Pourtant,

les dames sont meilleurs juges que nous en matière de goût.

—— Voici maintenant la salle à manger.

—— Elle est simple, mais très élégante. En quoi est ce buffet ?

—— En noyer. Après la salle à manger est la cuisine. Regardez ce beau fourneau ! Voyez aussi comme la batterie de cuisine est au complet !

—— Avez-vous d'autres pièces au rez-de-chaussée ?

—— Non, et nous allons monter au premier étage.

—— Cette rampe d'escalier est très belle.

—— Nous sommes au premier. Voici mon cabinet de travail. De chaque côté du corridor il y a deux chambres à coucher avec cabinet de toilette et, vis-à-vis mon cabinet de travail, une chambre d'amis. La salle de bains est au fond, à gauche.

—— Quelle est la disposition du second étage ?

—— Il renferme deux chambres pour domestiques, un grenier et un fruitier. Descendons, maintenant. Ces dames vont rentrer et nous allons les attendre en prenant quelque chose.

—— Nous vous remercions infiniment, cher ami. Madame Dufresne nous attend et, à notre grand regret, nous ne pouvons accepter votre gracieuse invitation. Présentez, s'il vous plait, nos respects à Madame Séverin et à votre charmante demoiselle.

—— Et vous, les miens à Madame Dufresne.

—— Au revoir, cher docteur, et merci.

—— Au revoir, Messieurs.

EXERCICE.

(1) Comment s'appellent les messieurs dont on parle dans ce morceau ? (2) Quelle proposition fait M. Dufresne ? (3) A qui fait-il cette proposition ? (4) Ces messieurs font-ils une visite de cérémonie ? (5) A qui appartient la maison où ils vont ? (6) Le docteur habite-t-il cette maison toute l'année ? (7) M. Dufresne présente-t-il M. Renaud à son ami ? (8) Quelle est la profession de M. Renaud ? (9) Que répond le docteur à la présentation ? (10) Quelle offre fait-il aux visiteurs ? (11) Qui est-ce qui s'informe de la santé de Madame Séverin et de sa fille ? (12) Ces dames sont-elles présentes ? (13) Qui est-ce qui demande à visiter l'habitation ? (14) Où donne la façade principale ? (15) Où sont ces messieurs quand ils commencent leur visite ? (16) Que voient-ils d'abord ? (17) Madame Séverin aime-t-elle le tapis du salon ? (18) Pourquoi ne l'aime-t-elle pas ? (19) Que fait remarquer M. Dufresne ? (20) Que visitent ensuite ces messieurs ? (21) Comment montent-ils au premier étage ? (22) Combien la maison du docteur a-t-elle d'étages ? (23) Que dit le docteur du second étage ? (24) Ces messieurs y montent-ils ? (25) Que font-ils ? (26) Quelle proposition fait le docteur ? (27) M. M. Dufresne et Renaud acceptent-ils ? (28) Qui est-ce qui attend ces messieurs ? (29) Aimez-vous à attendre quelqu'un ? (30) Que dit M. Dufresne à son ami le docteur ? (31) Comment ces messieurs saluent-ils le docteur ? (32) Que répond ce dernier ?

LA TERRE.

La Terre, que nous habitons, est une sphère d'environ 12.700 kilommètres de diamètre.

Nous appelons ciel l'immensité qui entoure cette Terre. Dans le ciel nous observons le soleil, la lune et les étoiles. Le soleil est visible pendant le jour ; la lune et les étoiles sont visibles pendant la nuit.

Toutes les parties de notre planète ne possèdent pas le même climat. Il y a, en effet, des régions froides, des régions chaudes, des régions tempérées. Les hommes qui habitent ces dernières régions sont les plus robustes et les plus intelligents.

Pour établir les cartes géographiques nous divisons la circonférence de la Terre en 360 degrés et nous employons des lignes conventionnelles. Ces lignes imaginaires sont : 1° l'Equateur ; 2° les méridiens. L'Equateur fait le tour de la Terre en passant par l'Est et par l'Ouest, et les méridiens, le tour de la Terre en passant par les deux pôles. Chaque point de ia sphère terrestre a ainsi son méridien. Les cartes françaises ont pour base le méridien de Paris et les cartes anglaises le méridien de Greenwich.

L'Equateur est pris comme base pour déterminer la latitude (Nord ou Sud.) Les méridiens fixent la longitude (Est ou Ouest.)

La Terre tourne autour du soleil en trois cent soixante-cinq jours un quart, et elle tourne sur elle-même en vingt-quatre heures. Le premier mouvement forme l'année ; le second forme les jours.

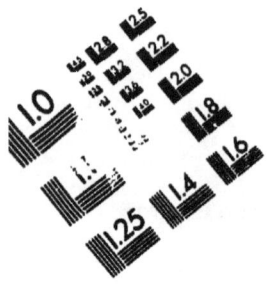

**IMAGE EVALUATION
TEST TARGET (MT-3)**

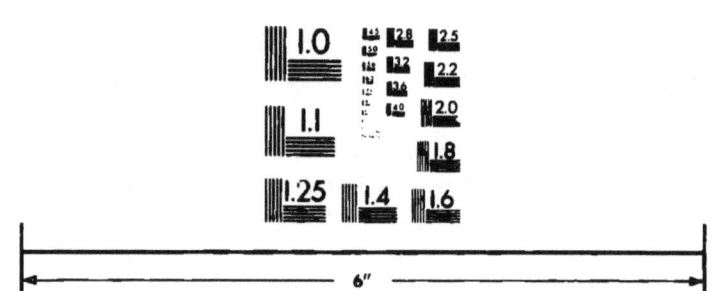

Photographic
Sciences
Corporation

23 WEST MAIN STREET
WEBSTER, N.Y. 14580
(716) 872-4503

EXERCICES.

(1 Quelle planète habitons-nous ? (2) Qu'appelle-t-on ciel ? (3) Le ciel entoure-t-il la Terre ? (4) Le soleil est-il une étoile ? (5) Quand le soleil est-il visible ? (6) Quand voyons-nous la lune et les étoiles ? (7) Toutes les parties de la Terre ont-elles le même climat ? (8) Le Canada est-il une région tempérée ? (9) Comment établissons-nous les cartes géographiques ? (10) Qu'appelle-t-on méridien ? (11) Quelle est la latitude et la longitude de la ville que vous habitez ? (12) En combien de jours la Terre tourne-t-elle autour du soleil ? (13) En combien d'heures tourne-t-elle sur elle-même ? (14) Comment est formée l'année ? (15) Comment sont formés les jours.

---

(1) Nous habitons la Terre. (2) Oui, la Terre est une planète. (3) Nous y observons le soleil, la lune et les étoiles. (4) Il est plus gros que la Terre. (5) Non, Monsieur, elles sont invisibles pendant le jour. (6) La Guyane est un pays très chaud. (7) Je préfère un climat tempéré. (8) C'est une ligne imaginaire qui fait le tour de la Terre en passant par l'Est et par l'Ouest. (9) Greenwich est à l'Ouest de Paris. (10) Oui, avec la longitude je peux estimer l'heure qu'il est dans une ville. (11) Elle tourne de l'Ouest à l'Est. (12) Oui, Monsieur, il fait jour en Europe quand il fait encore nuit en Amérique.

L'ANNÉE.

On appelle année ou (an) une période de temps de 365 jours.

Nous divisons ces 365 jours en douze mois ou en cinquante-deux semaines.

Dans une semaine il y a sept jours : Lundi, Mardi, Mercredi, Jeudi, Vendredi, Samedi et Dimanche. Pendant les six premiers jours nous travaillons ; le septième jour, le Dimanche, nous nous reposons.

Les noms des mois sont : Janvier, Février, Mars, Avril, Mai, Juin, Juillet, Août, Septembre, Octobre, Novembre et Décembre.

Nous divisons aussi l'année en quatre saisons : le printemps, l'été, l'automne et l'hiver. Le printemps est la saison des fleurs ; l'été, celle des récoltes ; l'automne, celle des fruits, et l'hiver, celle de la neige et du froid.

Quand nous voulons voir le jour de la semaine ou du mois nous regardons le calendrier. En anglais vous dites : "Nous sommes le troisième jour de Janvier." En français nous disons : "Nous sommes le trois Janvier."

Aujourd'hui, c'est le trois Janvier ; hier, c'était le deux et, avant-hier, le premier. Demain, ce sera le quatre, et, après-demain, le cinq.

En quelle année sommes-nous ? Nous sommes en 1892 ; l'année prochaine nous serons en 1893.

Pendant combien de temps voulez-vous prendre des leçons de français ? Je veux en prendre pendant trois mois. Trois mois représentent un trimestre ; six mois font un semestre.

On publie des revues annuelles, semestrielles, trimestrielles, mensuelles, bi-mensuelles.

Nous lisons des journaux hebdomadaires, bi-hebdomadaires, quotidiens.

EXERCICE.

(1) Qu'appelle-t-on année ?
(2) En combien de mois divisons-nous l'année ?
(3) Combien ces douze mois font-ils de semaines ?
(4) Quels sont les sept jours de la semaine ?
(5) Pendant quels jours travaillez-vous ?
(6) Travaillons-nous le dimanche ?
(7) Quels sont les douze mois de l'année ?
(8) Quel est le premier mois de l'année ?
(9) Combien y a-t-il de saisons et quelles sont-elles ?
(10) Quels sont les mois de printemps — d'été — d'automne-d'hiver ?
(11) Quelle est la saison des fleurs ?
(12) L'hiver est-il froid au Canada ?
(13) Quel jour sommes-nous aujourd'hui ?
(14) Que faites-vous quand vous voulez voir le jour de la semaine ou du mois ?
(15) En quelle année sommes-nous ?
(16) En quelle année serons-nous l'année prochaine ?
(17) Qu'appelle-t-on trimestre, semestre ?
(18) Le New-York Herald est-il un journal hebdomadaire ou quotidien ?
(19) Quels journaux quotidiens avez-vous dans votre ville ?
(20) Recevez-vous une revue trimestrielle ?

LE JOUR ET L'HEURE.

Un jour est une durée de vingt-quatre heures. Ces vingt-quatre heures se divisent en deux parties : le jour et la nuit. Le commencement du jour s'appelle soir. La matinée est le temps depuis le matin jusqu'à midi. Nous nommons soirés le temps depuis le soir jusq' à minuit et après-midi le temps depuis midi jusqu'au soir.

Le matin, nous nous levons et nous nous habillons. La nuit, nous nous couchons et nous dormons. Si vous vous levez de bon matin (de bonne heure), régulièrement, vous êtes matinier. Mais quand vous vous levez de bon matin une fois par hasard vous n'êtes que matinal. Celui qui se lève tard habituellement est un paresseux.

Pour connaître les différentes heures du jour nous employons la pendule et la montre. Une pendule est en bois, en marbre ou en bronze. Une montre est en or, en argent ou en nickel. Nous portons la montre dans la poche. Nous mettons la pendule sur la cheminée ou contre le mur.

Regardez ma montre : voici le cadran et voilà les aiguilles ; elle marque les heures, les minutes et les secondes.

Je dessine le cadran de ma montre sur le tableau noir. Divisons ce cadran en deux parties. Bien. Nous avons deux demi-heure. Divisons maintenant chaque demi-heure en deux parties ; nous obtenons quatre quarts d'heure. Regardez attentivement le cadran de ma montre. La grande aiguille marque les minutes ; l'aiguille moyenne marque les heures et la plus petite marque les secondes.

Quelle heure est-il à ma montre, Madame ? Il est dix

heures précises. Très bien, Madame. Je fais tourner les aiguilles. Voyez! elles marquent maintenant dix heures cinq,—dix heures et quart—dix heures dix-huit — dix heures et demie— onze heures moins vingt-cinq— onze heures moins le quart— onze heures moins trois— onze heures.

Quelle heure avez-vous, Mademoiselle? J'ai dix heures cinq. Votre montre est-elle juste? Oui, Monsieur, elle est juste. La mienne n'est pas juste, elle avance. Je suis obligé de la mettre à l'heure.

Quelle heure est-il, M. Moreau? Ma montre ne marche pas, Monsieur, elle est arrêtée. Que faites-vous quand votre montre est arrêtée? Je la remonte. Avec quoi la remontez-vous? Je la remonte avec une clé. Et cette montre-ci se remonte-t-elle avec une clé? Non, Monsieur, votre montre est à remontoir.

Votre leçon commence à neuf heures et demie et finit à dix heures et demie. Elle dure une heure.

EXERCICES.

(1) Qu'est-ce qu'un jour?
(2) En combien de parties principales divise-t-on le jour?
(3) Comment s'appelle le commencement du jour?
(4) Et comment s'appelle la fin?
(5) Qu'appelle-t-on matinée— soirée— après-midi?
(6) Que faisons-nous le matin?
(7) Quel est l'opposé de "se lever tard"?
(8) Pourquoi avons-nous des pendules et des montres?

(9) En quoi est une pendule ?
(10) Et en quoi est une montre ?
(11) Quelle partie de la montre ou de la pendule regardons-nous pour voir l'heure ?
(12) Votre montre marque-t-elle les heures, les minutes et les secondes ?
(13) Combien une heure contient-elle de demi-heure, de quarts d'heure ?
(14) Quelle aiguille marque les minutes ?
(15) Que marque la petite aiguille ?
(16) Y a-t-il des pendules qui marquent les secondes ?
(17) Votre montre retarde-t-elle ?
(18) Entendez-vous le tic-tac de cette pendule ?
(19) Que faites-vous quand votre montre est arrêtée ?
(20) Avec quoi remontez-vous votre montre ?
(21) Y a-t-il des pendules à remontoir ?
(22) Quelle heure est-il ?
(23) Combien de minutes dure votre leçon ?

---

(1) Oui, Monsieur, il en contient vingt-quatre.
(2) On le divise en deux parties principales : le jour et la nuit.
(3) Le commencement du jour s'appelle matin.
(4) Oui, je travaille l'après-midi.
(5) Non, je me couche de bonne heure.
(6) Avec une pendule ou une montre.
(7) Ma montre est en or.
(8) Oui, elle les marque.
(9) Il y a deux demi-heure dans une heure.
(10) Non, il n'y a que deux quarts d'heure dans une demi-heure.
(11) Elle marque les minutes.

(12) Non, Monsieur, il n'est pas dix heures précises, il n'est que dix heures moins cinq.
(13) Non, Monsieur, elle marche.
(14) Oui, Monsieur, ma montre est à remontoir.
(15) Il la remonte avec une clé. (16) Non, elle n'avance pas, elle est juste. (17) Elle dure soixante minutes ou une heure

LES INTEMPÉRIES.

Voyez-vous ces nuages noirs qui couvrent le ciel ? Les nuages sont formés de vapeurs d'eau. Regardez ; il commence à pleuvoir. C'est très désagréable, car la pluie mouille nos vêtements. Cette dame qui passe de l'autre côté de la rue porte un parapluie ; d'autres personnes ont simplement un "waterproof" pour se garantir.

Il pleut bien souvent au printemps, les rues sont alors couvertes de boue. Il fait très mauvais marcher ; on se salit, l'humidité pénètre la chaussure et l'on attrape un rhume. Quand nos vêtements ou notre chaussure sont mouillés il faut les ôter et les mettre près du feu pour les faire sécher.

En hiver, c'est la neige qui tombe du ciel. Il fait très froid. A la surface des lacs et des rivières l'eau gèle et devient de la glace. En hiver, au Canada, un grand nombre de personnes patinent sur la glace. Il y a aussi des enfants qui s'amusent à glisser sur les trottoirs. Les grandes personnes qui marchent ensuite dans la rue sont exposées à tomber fréquemment et à se casser les membres.

Asseyons-nous devant le feu et causons. Il fait trop

mauvais temps pour sortir. Entendez-vous ? Le vent souffle avec violence et il neige en même temps. Il y a certainement une grande tempête sur la mer. Ici, dans cette bonne maison, nous sommes en sûreté. Pourtant, voici le vent qui vient d'emporter une cheminée et de déraciner un arbre du jardin.

EXERCICES.

(1) De quoi sont formés les nuages ? (2) La pluie tombe t-elle des nuages ? (3) De quelle couleur est le ciel quand il fait mauvais temps ? (4) Aimez-vous à vous promener quand il pleut ? (5) La pluie mouille t-elle les vêtements ? (6) Que portez-vous à la main pour vous garantir de la pluie ? (7) Et de quoi vous garantit une ombrelle ? (8) Pleut-il souvent au printemps ? (9) Fait-il bon marcher quand il pleut ? (10) Que forme la pluie en tombant sur la terre ? (11) La boue salit-elle la chaussure ? (12) La neige salit-elle ? (13) Aimez-vous à être enrhumé ? (14) Que faut-il faire quand nos vêtements ou notre chaussure sont mouillés ? (15) Où mettons-nous nos vêtements mouillés pour les faire sécher ? (16) Le soleil et le vent sèchent-ils ? (17) Qu'est-ce qui tombe du ciel en hiver ? (18) Les petits garçons aiment-ils à jeter des boules de neige ? (19) Que devient, en hiver, la surface des lacs et des rivières ? (20) Gèle-t-il au mois d'août ? (21) Patinez-vous sur la glace en hiver ? (22) Avec quoi patine-t-on ? (23) Y a-t-il des enfants qui s'amusent à glisser sur les trottoirs ? (24) Qu'arrive-t-il ensuite ? Les personnes qui tombent dans la rue s'amusent-elles ? (25) Pourquoi pas ? (26) Fait-il bon rester à la maison quand il fait mauvais

temps ? (27) Dans quels mois fait-il beaucoup de vent ?
(28) Quel vent apporte la pluie ici ? (29) Est-il prudent
de sortir quand le vent souffle avec violence ? (30) Quels
sont les vents dominants dans votre ville ?

---

(1) Ils sont formés de vapeurs d'eau. (2) Non,
Monsieur, il ne pleut pas maintenant. (3) Oui, c'est
désagréable de sortir quand il pleut. (4) Nous portons
un parapluie. (5) Elle garantit du soleil. (6) Oui, il
pleut très souvent au printemps. (7) Oui, Monsieur, on
se salit en marchant dans la boue. (8) Oui, il est nécessaire de changer de vêtements quand ils sont mouillés.
(9) Nous les mettons près du feu. (10) C'est la neige.
(11) Il neige dans les mois d'hiver. (12) Non, Monsieur, il ne fait pas froid en été. (13) L'eau gèle.
(14) Oui, je patine assez bien. (15) Non, je ne tombe
jamais dans la rue. (16) Parce que je marche avec
précaution. (17) Oui, Monsieur, j'aime beaucoup à
causer au coin du feu quand il fait mauvais temps.
(18) Non, je ne dors pas bien quand il fait beaucoup de
vent. (19) Non, le vent du Nord ne nous apporte pas
la pluie. (20) Oui, je sors quand il fait mauvais temps.

LA LUMIÈRE ET LE FEU.

La lumière du jour vient du soleil. Pendant la nuit,
le soleil n'éclaire pas ; nous sommes obligés d'allumer le
gaz ou la lampe, si nous voulons voir. Nous garnissons
la lampe avec de l'huile ou du pétrole. La lumière de
l'électricité est plus vive que celle de la lampe, mais

celle-ci est préférable pour les personnes qui travaillent la nuit. Néanmoins, l'emploi de la lumière électrique devient de plus en plus général, surtout dans l'éclairage des rues.

En hiver nos vêtements ne suffisent pas toujours à nous garantir du froid. Nous allumons alors du feu dans la cheminée ou dans le poêle. Nous faisons le feu avec du charbon ou du bois. Ce dernier, en brûlant, fait plus de flamme que le charbon, mais il dure moins longtemps.

Il fait bon, pendant les froides soirées d'hiver, s'asseoir au coin du feu, dans un bon fauteuil. C'est le moment de lire tranquillement, en famille, le journal du soir.

Il arrive quelquefois, par imprudence ou par accident, que le feu prend à la maison. Un propriétaire prudent assure toujours son habitation et, en cas d'incendie, la Compagnie d'assurance paie l'estimation des pertes

EXERCICES.

(1) D'où vient la lumière du jour ? (2) Le soleil éclaire-t-il pendant la nuit ? (3) Que faisons-nous quand nous voulons voir pendant la nuit ? (4) Avec quoi allume-t-on le gaz ou la lampe ? (5) Comment cette salle est-elle éclairée pendant la nuit ? (6) La lumière de l'électricité est-elle plus vive que celle du gaz ? (7) Comment les rues de votre ville sont-elles éclairées pendant la nuit ? (8) La lune et les étoiles éclairent-elles ? (9) Pouvez-vous voir s'il ne fait pas clair ? (10) Dans quelle saison fait-il froid ?

(11) De quoi nous garantissent nos vêtements? (12) Les vêtements sont-ils toujours suffisants pour nous garantir du froid? (13) Que faisons-nous alors? (14) Où allumons-nous le feu? (15) Avec quoi fait-on du feu? (16) Le bois brûle-t-il plus vite que le charbon? (17) Voyez-vous la flamme du gaz? (18) Qu'arrive-t-il si vous prenez dans la main un morceau de fer très chaud? (19) Quand fait-il bon s'asseoir au coin du feu? (20) Etes-vous content quand vous voyez brûler une maison? (21 Et dans le même cas, la Compagnie d'assurance est-elle contente? (22) Pourquoi pas? (23) Est-il prudent pour les enfants de jouer avec des allumettes?

---

(1) Elle vient du soleil. (2) Il éclaire pendant le jour. (3) Oui, nous avons une lampe à pétrole et une lampe à huile. (4) La lumière de la lampe est plus douce que celle du gaz. (5) Oui, la lumière électrique est mauvaise pour les yeux. (6) Nos rues sont éclairées à l'électricité. (7) Oui, la lune éclaire pendant la nuit. (8) En hiver nous portons des vêtements très chauds. (9) Pour nous garantir du froid. (10) Nous avons des mines de charbon au Cape-Breton. (11) Les hommes qui travaillent à extraire le charbon sont des mineurs.

12. Oui, Monsieur, on fait du feu en été, surtout dans la cuisine. 13. Nous nous chauffons quand nous avons froid. 14 Non, Monsieur, je n'aime pas beaucoup la lecture à haute voix. 15. Un propriétaire prudent assure sa maison. 16. Non, je ne suis pas assuré sur la vie.

LE PASSÉ.*

1. Il y a en français cinq espèces de verbes : actifs—
— neutres — passifs — pronominaux et impersonnels.

Le verbe actif est celui qui a un complément direct *(direct object.)*

Ex : Elle lit *le journal*.

Le verbe neutre ne peut pas avoir de complément direct, mais seulement un ou plusieurs compléments indirects.

Ex : Il pense à *nous*.

Le verbe passif se distingue en ce que le sujet (subject) ne fait pas l'action exprimée par le verbe, mais la reçoit.

Ex : La *pomme* est mangée par l'enfant.

Le verbe pronominal (ou réflectif) est conjugué avec deux pronoms de la même personne. Le premier pronom est sujet du verbe ; le second est complément.

Ex : *Nous nous* approchons du tableau.

Le verbe impersonnel, en français comme en anglais, est conjugué seulement à la 3 ÈME pers sing. de chaque temps.

Ex : Il neige beaucoup en Janvier.

2. La langue française possède quatre conjugaisons, qu'on distingue par la terminaison des verbes à l'Infinitif Présent.

Les verbes de la 1 ÈRE conjug. sont terminés par *er*
" " " " 2 ÈME " " " " *ir*
" " " " 3 ÈME " " " " *oir*
" " " " 4 ÈME " " " " *re.*

3. Pour conjuguer un verbe au Passé nous nous servons de deux verbes auxiliaires ; avoir *(to have)* et

être *(to be.)* L'auxiliaire avoir exprime l'action et l'auxiliaire être désigne un état, une condition, une situation.

4. Les verbes actifs et la plupart des verbes neutres sont conjugués, au Passé, avec *avoir*.

5. Les verbes pronominaux exigent l'emploi, au Passé, de l'auxiliaire *être*.

6. Les verbes passifs sont employés, au Passé, avec l'auxiliaire *être* et le Part. Passé du verbe à conjuguer.

7. Parmi les verbes impersonnels, les uns sont employés au Passé avec *avoir*, les autres avec *être*.

8. Donc, avant de conjuguer un verbe au Passé, il est nécessaire de connaître sa nature, (actif, passif, pronominal, etc.) afin de l'employer avec l'auxiliaire qui lui convient.

9. *Formation du Participe Passé.*

		Inf. Prés.	Part. Passé.
1ÈRE.	Conjug.	donn*er*	donn*é*.
2ÈME.	"	fin*ir*.	fin*i*.
3ÈME.	"	v*oir*.	v*u*.
4ÈME.	"	vend*re*.	vend*u*.

10. Il y a, dans la 2 ÈME conjugaison, un certain nombre de verbes irréguliers qui forment leur Participe Passé en changeant la terminaison *ir*, de l'Infinitif, en *u*. Ex.: ven*ir*, ven*u*.

La quatrième conjugaison possède beaucoup de verbes irréguliers et de verbes défectifs. Les premiers sont terminés au Participe Passé par *is*. Ex.: pren*dre*, pr*is*.

La pratique seule peut faire acquérir la connaissance du Participe Passé des verbes défectifs, comme abso*udre* (abso*us*).

* Nous nous occupons exclusivement, ici, du Passé Indéfini (Preterite indefinite), qui est le temps passé le plus employé en français.

LE PASSÉ (SUITE).

Emploi du Passé Indéfini avec l'auxiliaire " Avoir." *
(verbes actifs et verbes neutres.)

—— Avez-vous vu Madame Moreau la semaine dernière ?
—— Oui, j'ai assisté à la soirée qu'elle a donnée avant-hier. Cette réunion m'a fait une excellente impression.
—— Je n'en doute pas. Madame Moreau est si aimable et reçoit si bien ses invités !
—— Elle a appris, toute jeune, l'art d'être une bonne maîtresse de maison. Elle plaît aux messieurs, et, chose remarquable, les dames l'aiment et ne la jalousent pas.
—— A-t-elle eu beaucoup de monde à sa soirée ?
—— Oui, beaucoup. Monsieur Moreau m'a dit le nombre exact des personnes présentes, mais je l'ai oublié.
—— Ainsi, vous avez passé une charmante soirée ?
—— Très agréable, je l'avoue. J'ai admiré de très belles femmes et des toilettes ravissantes.
—— Donnez-moi quelques détails, s'il vous plaît.
—— Volontiers. Après la réception, nous avons soupé. Les mets les plus recherchés, les vins les plus délicats nous ont été servis. Madame Moreau nous a ensuite priés de passer au salon. Quelques messieurs ont demandé poliment la permission de sortir pour fumer un cigare. D'autres ont voulu organiser une partie de " whist " en attendant l'heure du bal. Madame Moreau

a laissé chacun de nous entièrement libre. Mais, quand nous avons entendu les premières mesures d'une valse, nous avons quitté cartes, billard, etc.

—— Aimez-vous la danse ?

—— Je suis, à la vérité, un médiocre danseur. J'ai toujours eu plus de plaisir à voir les autres danser qu'à danser moi-même. Mais j'ai pour principe, quand je suis en société, de m'amuser le plus possible. Aussi, avant-hier, j'ai dansé avec toutes les dames et demoiselles que j'ai pu engager.

—— Le bal a-t-il duré longtemps ?

Jusqu'à cinq heures du matin. Il a été brillant sous tous les rapports.

—— Avez-vous soupé après le bal ?

—— Oui, et tous les invités, avant de partir, ont complimenté sincèrement Monsieur et Madame Moreau.

Leur soirée dansante a été réellement la plus belle de la saison.

EXERCICE.

Mettre au Passé les phrases suivantes :

(1) J'ai un livre. (2) Le papier que vous apportez n'est pas celui que je vous demande. (3) Quand cette dame prie sa servante de faire quelque chose elle obéit toujours avec empressement. (4) Lisez-vous les classiques français ? (5) L'Espagne, la Flandre et les Pays-Bas composent, au seizième siècle, les Etats de Charles-Quint. (6) L'éducation de la jeunesse est toujours une des grandes préoccupations des gouvernements civilisés. (7) Ce magistrat ne juge jamais sur les apparences. (8) Les enfants que nous voyons

dans la bibliothèque font leurs exercices avant d'aller à l'école. (9) J'attends votre décision avec impatience. (10) A quelle heure déjeûnez-vous? (11) Je déjeûne à huit heures. (12) Que buvez-vous à votre dîner?

---

*Le Participe Passé d'un verbe conjugué avec "avoir" s'accorde, en genre et en nombre, avec son complément direct, (direct regimen) si ce complément précède le participe.

Exemples :
La fenêtre que j'ai ouverte.
Les livres que nous avons apportés.
Les lettres qu'ils ont reçues.

Le Participe Passé reste invariable si le complément direct est placé après.

Exemples :
J'ai ouvert la fenêtre.
Nous avons apporté les livres.
Ils ont reçu les lettres.

LE PASSÉ, (Suite.)

Emploi du Passé Indéfini avec l'auxiliaire "Etre."
(Verbes passifs et verbes neutres.)

Louise et Marguerite, deux sœurs, sont allées lundi dernier se promener dans la campagne. Elles sont sorties sans la permission de leur maman et pendant une courte absence de la bonne.

Après deux heures de marche elles ont été surprises

par la pluie au milieu d'un bois. Que faire dans une telle situation ? Les petites imprudentes sont restées longtemps sans reconnaître leur chemin, mais heureusement elles ont été vues par le garde-forestier. Celui-ci est un brave homme qui aime les enfants ; il est retourné chez lui avec ses jeunes protégées.

Madame Hubert, la femme du garde, a été très étonnée quand ce dernier est arrivé ainsi accompagné. Elle est allée au-devant de son mari pour le questionner. Le garde, après quelques mots d'explication, est ressorti. Les deux sœurs sont entrées dans la salle à manger et ont été servies avec bonté par Madame Hubert elle-même. Quelques rôties au beurre et deux tasses de chocolat bien chaud ont été apportées sur la table. Louise et Marguerite, en présence de ce bon accueil, sont devenues plus confiantes. Elles sont demeurées au coin du feu pour faire sécher leurs vêtements et sont restées une heure entière à raconter leur petite escapade.

Un peu plus tard, le garde est revenu avec une voiture. Après avoir remercié Madame Hubert de son hospitalité les deux petites filles sont parties sous la conduite de M. Hubert et sont rentrées dans leur famille. Elles ont été sévèrement grondées par leur maman et, depuis ce jour, ne sont plus sorties sans être accompagnées.

EXERCICE.

Mettre au Passé les phrases suivantes :

(1) Je sors et je vais à mon bureau. (2) Mon frère vient me voir très souvent. (3) Allez-vous quelquefois au théâtre ? (4) Il n'entre jamais chez quelqu'un le

chapeau sur la tête. (5) Quand votre sœur part-elle pour Londres ? (6) Nos lettres arrivent régulièrement le matin à dix heures. (7) Je tombe quelquefois en marchant sur la glace. (8) Mon père et ma mère descendent recevoir ce monsieur. (9) Les promeneurs rentrent à cause du mauvais temps. (10) Avec de la conduite et du travail on parvient le plus souvent à une position aisée.

* Le Participe Passé d'un verbe conjugué avec l'auxiliaire " être " s'accorde, en genre et en nombre, avec le sujet (subject) du verbe. Exemples :
    Mon frère est venu me voir.
    Ma sœur est allée à Lyon.
    Mes frères sont partis ce matin.
    Mes sœurs sont arrivées hier soir.

LE PASSÉ. (SUITE)

Le Passé Indéfini des verbes pronominaux (1) et des verbes impersonnels. (2)

Je me suis levé ce matin de très bonne heure. Je me suis habillé rapidement et j'ai mangé un morceau. Ensuite, je me suis rendu à la gare pour prendre le chemin de fer. Je me suis adressé à un employé pour faire enregistrer mes bagages. Cet homme s'est empressé de peser mes malles et m'a délivré un petit bulletin. En regardant autour de moi j'ai vu le guichet, derrière lequel se tient un employé. Je me suis avancé et j'ai pris mon billet. Après cela je me suis promené de long en large dans la salle d'attente. Puis, les portes se sont ouvertes et tous les voyageurs se sont précipités vers la voie en se bousculant. Une dame âgée et seule s'est approchée de moi et m'a prié de lui indiquer le train. Je me suis constitué son cavalier servant et nous nous sommes dirigés ensemble vers une voiture de première classe. Il m'a fallu, naturellement, remplir envers cette dame les petits devoirs prescrits par la politesse. Nous nous sommes installés, aussi bien que possible, dans notre compartiment. Le sifflet de la locomotive s'est fait entendre et le train s'est mis en marche.

Pendant la première demi-heure nous nous sommes entretenus de choses banales. Mais peu à peu la confiance s'est établie entre nous et la conversation a pris une tournure plus intéressante. A Dijon, le train s'est arrêté quarante minutes. Nous nous sommes rendus au buffet où nous nous sommes fait servir un déjeûner froid. Nous nous sommes amusés à regarder les allées et venues des autres voyageurs. Il m'a semblé, après ce repas, être plus gai que d'habitude. Il m'a paru aussi que ma compagne de voyage s'est dépensée en bons mots et en jeux d'esprit et il est arrivé que chacun de nous s'est trouvé en d'excellentes conditions pour continuer le voyage.

A Melun, notre destination, il a fallu nous séparer. Une dame, la fille de mon aimable voyageuse, s'est présentée à la descente du train. La mère et la fille se sont embrassées tendrement et se sont complimentées de se retrouver en bonne santé après une longue séparation. Quant à moi, je me suis éloigné en me promettant de faire mon possible pour les revoir.

(1) Le Participe Passé d'un verbe pronominal s'accorde avec son complément direct quand ce complément précède le participe :
    Ex. : Ces dames *se* sont vues.
Le Participe reste invariable si le complément est placé après :
    Ex. : Ces dames se sont donné *rendez-vous*.
(2) Parmi les verbes impersonnels les uns sont conjugués au Passé avec "avoir," les autres avec " être."
    Ex. : Il a plu.   Il est arrivé.
    Il a neigé.   Il est resulté.
Le Participe Passé d'un verbe impersonnel est toujours invariable :
    Ex. : Les discours qu'il y a *eu* sur la tombe

EXERCICE.

Verbes actifs—neutres—passifs—pronominaux et impersonnels.

Mettre au Passé Indéfini le morceau ci-dessous :

Ma sœur Pauline est une élève studieuse et docile. Tous les soirs, à la maison, elle prépare ses leçons et écrit ses devoirs. Elle travaille avec plaisir et profite des conseils que ses maîtres lui donnent. Elle aime tant ses études et s'y consacre si régulièrement que, même quand il pleut et qu'il fait mauvais temps, elle ne manque jamais de se rendre à l'école. Les jours de congé, elle essaie de se rendre utile. Quand nos parents s'absentent ou font des visites Pauline garde la maison. Elle se fait aimer de tout le monde par sa politesse et sa douceur et souvent notre bonne maman me la propose comme modèle à imiter.

Au contraire de ma sœur, je suis un mauvais élève et un petit garçon assez désagréable. Ni mes parents ni mon maître ne sont contents de moi. A l'école, je m'amuse avec mes camarades et fais le désespoir de mon professeur. Je n'étudie pas mes leçons et il m'arrive même quelquefois de faire "l'école buissonnière.' Quand on me surprend dans la rue pendant les heures de classe je trouve toujours un prétexte pour m'excuser. Il arrive de temps en temps à mon père de me donner une bonne correction. Mais je suis si insouciant de ma nature que je recommence bientôt et qu'il faut me traiter sévèrement quand on veut obtenir quelque chose de moi.

LE FUTUR.*

Le Futur des verbes français est formé par l'Infinitif Présent en changeant *r*, *oir*, *re*, en *rai*, *ras*, *ra*, *rons*, *rez*, *ront*.

	Infinitif Présent.	Futur.
1 ère Conjug.	don*ner*.	je donne*rai*.
2 ème "	fini*r*.	je fini*rai*.
3 ème "	recev*oir*.	je recev*rai*.
4 ème "	met*tre*.	je met*trai*.

Pour former le Futur de certains verbes irréguliers on ne change pas seulement la terminaison Infinitif, mais même une partie de la racine *(root)* du verbe.

                Infinitif Présent.   Futur.
Ex. :   ven*ir*.   je *viendrai*.

―――

Je suis jeune, et jusqu'à présent je n'ai pu me rendre utile à ma famille. Plus tard, quand je serai grand et fort, je travaillerai à mon tour. Je continuerai le commerce de mon père et je ferai mon possible pour mériter la confiance qu'il a placée en moi. A vingt-cinq ans je n'aurai pas encore assez d'expérience ; aussi je suivrai les conseils qu'il me donnera, et le consulterai quand je serai embarrassé. Mon petit frère restera avec nos parents ; il finira ses études et il deviendra mon associé. Ma mère et ma sœur viendront me voir souvent. Elles s'informeront de ma santé, et quand je serai malade elles iront chercher le médecin. Elles ne voudront pas me quitter et me veilleront à tour de rôle jusqu'à guérison complète.

Pour récompenser mes bons parents de leur dévouement je les prierai de venir habiter chez moi quand ils seront âgés. Je les traiterai avec égard et je leur paierai, par mes soins et mes attentions, ma dette de reconnaissance. Quand j'en aurai le temps j'accompagnerai ma mère au théâtre, quelle aime beaucoup. Mon père ne voudra pas venir avec nous. Il s'assiera dans son fauteuil et lira son journal en nous attendant. Quand nous rentrerons il nous demandera avec intérêt des nouvelles de la représentation. Je lui raconterai en détail la pièce à laquelle nous aurons assisté. Pendant ce temps ma mère dira à ma sœur de préparer un jeu de cartes et commandera à la bonne d'apporter une légère collation.

Nous jouerons en famille la traditionnelle "partie de whist" et, avant de nous retirer, ma sœur exécutera au piano une œuvre de Gounod. Mon père, insensiblement, fermera les yeux et s'endormira dans son fauteuil. Alors maman le réveillera et nous monterons nous coucher en nous souhaitant réciproquement une bonne nuit.

* Nous nous occupons seulement du Futur simple. (Futur absolute.)

EXERCICE.

Mettre au Futur l'exercice de la page 111.

LE BLÉ ET LE PAIN.

Regardez au loin, là-bas dans la campagne. Voyez-vous ce cultivateur qui travaille son champ ? Il est là, sous le soleil, creusant dans la terre les sillons où germera le blé. La charrue avec laquelle il laboure est tirée par des bœufs. Combien est grand et noble, dans sa simplicité, le travail des champs ! Que de peines et de patience pour faire produire à la terre la récolte qui nourrira tant de millions de personnes !

Quand le champ est préparé avec soin le laboureur sème le grain. C'est de ce grain que sortiront, plus tard, les belles tiges de blé couronnées d'épis. Mais avant d'atteindre son développement complet la précieuse plante doit supporter et le froid de l'hiver et les sécheresses possibles de l'été.

Quand le blé est mûr, au mois d'août, le fermier se hâte de le moissonner. Avec la faux, il coupe toutes les tiges et en fait des gerbes. Oh ! les belles gerbes couleur d'or, récompense méritée d'un travail pénible et persévérant !

On bat ensuite le blé pour faire sortir le grain des épis. Cette opération se fait maintenant à l'aide d'une batteuse mécanique. Elle est donc très rapide. Le grain, placé dans des sacs, est porté au moulin. Là, les meules l'écrasent et en font de la farine. La pellicule brune, ou enveloppe du blé, séparée de la farine, est appelée son. Les animaux en sont friands.

Avec la farine, le boulanger fait le pain que nous mangeons à tous les repas. Il additionne cette farine d'une certaine quantité d'eau et n'oublie pas le levain et le sel. Il pétrit le tout et obtient ainsi une pâte qu'il divise en pains de dimensions variées. Il met ces pains au four pour les faire cuire, et quand, grâce à l'action de la chaleur, ils sont recouverts d'une croûte dorée et ferme, il n'a plus qu'à les laisser refroidir avant de les livrer à la consommation.

EXERCICE.

(1) Connaissez-vous le blé ? (2) Donnez les noms de quelques autres céréales. (3) Où pousse le blé ? (4) Qui est-ce qui travaille dans les champs ? (5) Avez-vous visité une ferme ? (6) Avec quel instrument laboure-t-on la terre ? (7) Quels animaux emploie-t-on pour tirer la charrue ? (8) L'auteur a-t-il raison de dire que le travail des champs est grand et noble ? (9) Quand le

laboureur sème-t-il le grain ? (10) Dans quelle saison les fermiers du Canada ensemencent-ils leurs champs ? (11) Comment appelez-vous les parties d'une plante qui plongent dans la terre ? (12) De quoi est couronnée la tige du blé ? (13) Où est renfermé le grain ? (14) A quoi est exposée la plante avant d'atteindre sa maturité ? (15) Que fait le fermier quand le blé est mûr ? (16) Avec quoi le moissonne-t-il ? (17) A quelle époque de l'année fait-on la moisson dans votre province ? (18) Pourquoi bat-on le blé ? (19) De quelle machine se sert-on pour cela ? (20) Qu'est-ce qu'un moulin ? (21) Que devient le blé écrasé entre les meules du moulin ? (22) D'où provient le son ? (23) Avec quoi le boulanger fait-il le pain ? (24) Comment fait-il la pâte ? (25) Où la met-il pour la faire cuire ? (26) Aimez-vous le rosbif bien cuit ou saignant ?

L'INSTRUCTION PUBLIQUE EN FRANCE.

L'Instruction Publique, en France, est entièrement sous le contrôle de l'Etat et son personnel forme une véritable armée dont le chef suprême est le Ministre de l'Instruction Publique et des Beaux-Arts. Ce dernier, assisté d'un Conseil, nomme à tous les emplois supérieurs.

Le territoire est divisé en régions académiques comprenant plusieurs départements. A la tête de chacune de ces régions est placé un Recteur ayant sous ses ordres autant d'Inspecteurs d'Académie que sa région a de départements. Il y a en plus des Inspecteurs primaires chargés de la surveillance directe des écoles. Les fonctionnaires que nous venons de nommer composent le personnel administratif.

Quant au personnel actif, c'est-à-dire aux membres enseignants, il est recruté en majeure partie parmi les jeunes gens des deux sexes élèves des Ecoles Normales. Ils doivent avoir subi avec succès les examens du brevet supérieur ou, au moins, du brevet de capacité pour l'enseignement primaire. L'obtention de ces brevets comporte une somme de connaissances solides et variées. De plus, une attention spéciale est donnée, dans les Ecoles Normales, à l'éducation pédagogique.

Tous les ans, aux examens de sortie, les élèves lauréats sont classés par ordre de mérite et sont nommés par le préfet du département au fur et à mesure des vacances d'emplois dans les écoles. En vertu de l'axiome : " Nul n'est prophète dans son pays," les instituteurs et institutrices, sauf à de rares exceptions, n'exercent jamais dans leur commune natale. On les soustrait ainsi aux influences de clocher. D'ailleurs, la permutation est toujours accordée sur demande ; il n'est donc pas rare de rencontrer sur les bords de la Seine ou de la Loire un maître d'école né en Guyenne ou en Provence.

D'après les nouvelles lois sur l'Instruction Publique les instituteurs et institutrices sont divisés en cinq classes, auxquelles il est alloué par l'Etat des appointements annuels variant de 1000 à 5000 francs. Ces traitements, à première vue, semblent très inférieurs à ceux alloués aux Etats-Unis ou au Canada. Mais il ne faut pas oublier que la vie matérielle est moins chère en France qu'en Amérique. En outre, des logements sont aménagés dans les écoles françaises pour les directeurs et leurs adjoints. Enfin, et c'est là le point essentiel, ils ont la perspective consolante de toucher, après vingt-cinq ans de services, une retraite annuelle qui mettra leur vieillesse à l'abri du besoin.

(à continuer.)

EXERCICES.

1. Faites un court résumé oral du morceau précédent.
2. Expliquez succintement l'organisation de l'Instruction Publique dans votre ville.

L'INSTRUCTION PUBLIQUE EN FRANCE (Suite).

Depuis une dizaine d'années l'instruction est obligatoire, en France, pour tous les enfants de sept à treize ans. Un élève qui, à l'âge de onze ou douze ans, obtient son certificat d'études primaires, est dispensé de cette obligation. Les parents qui ne veulent pas envoyer leurs enfants dans les écoles publiques doivent justifier, devant une commission scolaire, de l'instruction qu'ils leur font donner en famille ou dans une école privée. Le rôle de cette commission scolaire est simplement de rechercher les parents qui ne se conforment pas à la loi et de les signaler à l'autorité.

Les écoles sont construites aux frais des communes. Cependant, l'Etat accorde presque toujours une subvention. Une chose remarquable dans un pays aussi démocratique que la France, c'est que garçons et filles ont leurs écoles distinctes. Ce n'est pas ici la place de faire une étude comparée. Aussi nous contenterons-nous de dire que nous admirons sans réserve le système américain. Il crée, nous semble-t-il, plus d'émulation.

Les écoles de ce côté-ci de l'Atlantique sont très bien aménagées intérieurement. Elles sont spacieuses, bien aérées, et l'hygiène n'y laisse rien à désirer. Mais nos écoles françaises leur sont cependant supérieures sous plus d'un rapport. En effet, chaque école ou groupe scolaire possède une grande cour, avec préau couvert, pour les récréations. Cette cour n'est pas un passage public ; elle est destinée exclusivement à l'usage des élèves et est entourée de murs ou d'une clôture en bois. Enfin, dans les districts ruraux, l'école a généralement aussi un jardin cultivé par les élèves pendant les heures de loisir. Chacun d'eux a son petit carré et le travaille de son mieux, toujours sous la direction de l'instituteur. Des prix sont même décernés à ceux qui obtiennent les plus beaux produits en fleurs, légumes, etc.

En règle générale, les écoliers français ont plus d'heures de classe que les jeunes Américains. Les heures réglementaires sont, en effet, de huit à onze heures du matin et de une à quatre heures de l'après-midi. Ils ont aussi un jour de congé par semaine, le jeudi, et deux mois de vacances en été.

La gymnastique est obligatoire. Des appareils sont installés dans toutes les écoles de garçons. Comme complément à cette éducation physique des bataillons scolaires sont organisés dans les localités assez importantes. Dans les villes de garnison ces bataillons scolaires sont exercés par des officiers et sous-officiers de l'armée active.

Le Gouvernement de la République, auquel la France doit tant, a plus fait pour l'instruction et l'éducation de

www.ingramcontent.com/pod-product-compliance
Lightning Source LLC
Chambersburg PA
CBHW031401160426
43196CB00007B/852